差がつく 練習法

ラグビー ヒガシ式 決断力が身につくドリル

著 藤田雄一郎 　東福岡高校ラグビー部監督

INTRODUCTION
はじめに

　私の恩師である谷崎重幸・前監督（現法政大学ラグビー部監督）は、常に選手に問いかけ、実践させる指導を徹底する方でした。コーチ時代に谷崎先生から多くを学んだことが、今、私のコーチングの土台となっています。
　もうひとつ、選手と同じ時間を共有する中で強く感じるのは、「命令で説得することはできても、それはコーチングではない」ということです。この練習はなにが目的で、なにが大事かということを認識させ、納得させた上でやってもらうことが大切ですし、そのために一つひとつの練習でゴールを決め、目的を明確にして行うことを意識しています。
　私が考える理想のコーチングは、選手にきちんと動機づけをし、試合に向

け自分たちで修正していけるようにしていくことです。それをサポートするのがコーチの役割であり、いつまでも牽引者として引っ張っていくべきではないと考えています。監督やコーチの言いなりになるのではなく、自分で判断し、行動できる選手を育てていきたい。社会に出て求められるのも、そうした人材だと思います。

ラグビーは流れのなかで判断し、決断して、行動することの連続です。野球のように監督の出すサインプレーを実行するのではなく、選手自身がゲームをマネジメントしていかなければなりません。だからこそ、その力を普段の練習から養っていくことが大切になります。

この本では、東福岡高校が普段取り組んでいる練習方法やラグビーに対する考え方を紹介していますが、練習のやり方には決まった答えがあるわけではありません。それぞれのチームには、それぞれに合った練習法があります。自分たちのチームに合った練習を考える上で、この本がなんらかのヒントになれば幸いです。

CONTENTS
目次

2 ── はじめに

序章 ラグビーの練習のとらえ方

10 ── ラグビーはタイムスポーツ
12 ── 最重要はコンタクト
14 ── 本書の使い方

第1章 ウォームアップ＆動作向上トレーニング

16 ── Menu001 バーストレッチ
18 ── Menu002 ロープくぐり
20 ── Menu003 メディシンボールファイト
22 ── Menu004 300キロ3万円
24 ── Menu005 レッグドライブ
26 ── Menu006 スパイダートレーニング
28 ── Menu007 ダウン＆アップ①
30 ── Menu008 ダウン＆アップタッチゲーム
32 ── Menu009 ダウン＆アップ②
33 ── Menu010 サーキットトレーニング
37 ── Column ① ヒガシ・ゼロ

第2章 ベーシックドリル

頁			
40	Menu011	タックルリアクション①	
41	Menu012	タックルリアクション②	
42	Menu013	リアタックル	
44	Menu014	シュリンプ	
46	Menu015	シュリンプ→オーバー	
48	Menu016	リフトアップヒット	
52	Menu017	対角線タックル	
55	Menu018	リフトアップオーバー	
58	Menu019	ジャッカルリフトアップ	
60	Column②	ヒガシの「こだわり」①	
		【チームとしてのこだわり】＝コンタクト	

第3章 実戦的ドリル編①（〜10人）

頁			
62	Menu020	連続オーバー	
64	Menu021	ダブルオーバー①	
67	Menu022	ダブルオーバー②	
70	Menu023	ブレイクダウンドリル①	
72	Menu024	ブレイクダウンドリル②	
75	Menu025	ブレイクダウンドリル③	
78	Menu026	４人一組のブレイクダウンドリル（3種類）	
81	Menu027	タックラードライブ①	
84	Menu028	タックラードライブ②	
87	Menu029	キックレシーブからの３対３	
90	Menu030	コール・アタックディフェンス	
94	Menu031	フルコートの４対３	
97	Menu032	L字アタック	
100	Menu033	ボール回しゲーム	
102	Column③	ヒガシの「こだわり」②	
		【戦い方のこだわり】＝スペースを生かす	

第4章 実戦的ドリル編②(10人〜)

104	Menu034	連続4対2
108	Menu035	ウォッチ＆アタック①
112	Menu036	ウォッチ＆アタック②
116	Menu037	4対4+FBのアタックディフェンス
120	Menu038	戻りのディフェンス（9対9）
124	Menu039	3対2→4対2→10対6
128	Menu040	オーバーラップゲーム
132	Menu041	アンストラクチャーゲーム
138	Menu042	ターンオーバーからのアタック（前編）
142	Menu043	ターンオーバーからのアタック（後編）

第5章 ポジショナルスキル編

146	Menu044	ラインアウトキャッチボール
148	Menu045	ランダムラインアウト
150	Menu046	BKの5対4
155	Column ④	ヒガシの「こだわり」③ 【練習のこだわり】＝ターゲットは「自信」
156	Column ⑤	ヒガシの「こだわり」④ 【アタックのこだわり】＝状況判断

第6章 指導計画の組み方と参考アドバイス

- 158 ── 1週間のトレーニング計画
- 160 ── コーチング語録
- 162 ── コーチングのための一問一答
- 166 ── **Column ⑥** ヒガシの「こだわり」⑤
  【ディフェンスのこだわり】＝規律

終章 チームビルディング

- 168 ── 5つの柱
- 174 ── 著者＆チーム紹介

デザイン／有限会社ライトハウス	写　真／湯浅芳昭	
黄川田洋志	上野弘明	
井上菜奈美	松村真行	
田中ひさえ	編　集／直江光信	
今泉明香	松川亜樹子（ライトハウス）	
藤本麻衣		
岡村佳奈		
株式会社エイブルデザイン		

序章
ラグビーの練習のとらえ方

練習は試合に勝つためにするもの。
監督は自分の目線で押しつけるのではなく
選手一人ひとりのことを考え、
選手は自ら主体的に取り組むことが大切。

**ラグビーはタイムスポーツ。
だからこそ、集中してすべてを出しきる
状況をつくってあげなければならない**

東福岡高校ラグビー部では通常、全体練習を行うのは16時30分から18時過ぎまでです。そのあとにユニット練習や個人練習をすることもありますが、長くても18時30分には終わり、19時に下校させるようにしています。

　ラグビーは試合時間が決まっているタイムスポーツです。ですから、1時間半の練習で集中して、すべてを出しきるようにさせたい。選手に集中させるためには、集中できるような状況をこちらがつくってあげなければなりません。また全体練習を早く終われば時間に余裕があるので、選手が自分たちでフリー練習をするようにもなります。

　部員のなかには遠方から通っている子もいるので、早く練習を終わらないと、帰宅が遅くなってしまうという事情もあります。帰宅が遅くなれば、当然寝る時間が短くなります。成長期の高校生が体を大きくするには運動、食事、休養の3つが大事ですから、その時間を削らないように、という意味もあります。

　練習で常に意識しているのは、試合と同じテンポで進めることです。ウォームアップを15分やって、途中にハーフタイムのイメージで5分ほど休みを入れながら、前後半30分を合わせた65分間を集中して動き続ける。ひとつのメニューを続けるのもマックス10分間で、それ以上はやりません。「10分」という数字にこだわるのは、キックオフからの10分間を想定しているからです。この試合の導入部分がいつも東福岡の課題なので、とにかく10分間のクオリティーを高めることを意識しています。

　もちろん初期の段階で落とし込みをするときは、じっくり時間をかけて、プレーを止めながら行うこともあります。本当に合理的でスピーディーな練習ができるのは、トップチームがシーズン終盤の仕上げの段階に入った時期だけですし、そのテンポについていけるようになるのは、2年生になって試合のメンバーに入るようになるあたりからです。

　ただ、練習と試合をリンクさせたいなら、やはり練習も試合と同じテンポでやるべきだと思いますし、練習と練習の間のテンポも上げていかなければいけない。そのためには、指導者がきちんと事前に準備しておくことも大切になります。

コンタクトはなにがあっても
絶対にブレない。
コーチングの第一歩は
「常に一緒にいる」ということ

練習の具体的な内容で重視しているのは、なんといってもコンタクトです。コンタクトは雨が降っても風が吹いても絶対にブレることがないですし、それを避けてはラグビーが成立しません。実際、東福岡の練習でコンタクトのないメニューはほとんどありません。フィットネスでもランだけの陸上競技的なメニューを行うことはまずない。またブレイクダウンの練習などでは、狭いスペースに大人数でやるとどうしても混乱してしまうので、5対3など人数を抑えてクリアな状態でやることも意識しています。

　アタックの練習のときは、攻撃側の人数が守備側より多い状況でやるようにしています。よりスペースが生まれやすい状況をつくり、それを選手たちに判断させるためです。その一方で、3フェーズまでにトライを取りきる、というように制限をつけます。現在のラグビーはフェーズを重ねれば重ねるほどディフェンス側が有利になりますし、セットプレーからの3フェーズ以内がもっともトライになりやすいというデータもある。そうしたことから、普段の練習でも少ないフェーズでトライを取りきることを意識させています。

　休みは週に1回です。たとえば日曜日が試合なら、翌日の月曜日は完全オフにします。以前はオフの日にミーティングをしていたのですが、彼らにも息抜きをする時間が必要なので、現在は完全フリーにしました。一方でビデオ室に試合の映像は用意しておき、見たい人は見られるようにしています。

　ウエートトレーニングは週に2〜3日、授業前の朝50分間に集中して行います。もちろん体を大きくするのも大事ですが、それよりも高校生世代はウエートをする習慣をつけることが大事。ですから、ベンチプレスやスクワットで目標何kgというように、数字にこだわることはありません。

　高校生を指導する上で大切だと感じるのは、常に一緒にいる、ということです。どんなときもコーチがその場にいる、ということが大切。もちろん選手の自主性を尊重することも大切ですが、高校生ですからある程度の導きは必要ですし、選手もコーチから声をかけられればやっぱりうれしい。それが、コーチングの第一歩だと思います。

本書の使い方

本書では、各ページに多くの図や写真を用いて、東福岡の練習メニューを一つひとつ丁寧に紹介しています。実戦ですぐに使えるテクニックも掲載し、中上級者も満足できる内容になっています。普段の練習に取り入れて、上達に役立ててください。

▶ **身につく技能が一目瞭然**

必要人数や時間、ポジション、身につく技能を視認性の高いチャートを用いて紹介。チームや自分に必要な練習を選択することができます。

▶ **豊富な写真と図版**

人数が多いフォーメーション練習も、図版を豊富に用いることで見やすくご紹介。また、連続写真をふんだんに掲載し、よりイメージしやすくなっています。

▶ そのほかのアイコンの見方

ポイント
指導の際に知っておきたいポイントです

Extra
それぞれの練習の意味やアレンジを紹介します

▶ **各メニューに Coach's voice を採用**

コーチから選手への声かけ例をご紹介します。短いフレーズを参考にすることで、目的やポイントが簡単に伝えられます。

第1章
ウォームアップ＆動作向上トレーニング

実戦的な動作向上トレーニングを厳選して紹介する。
「３００キロ３万円」など、オリジナルの練習も盛りだくさんだ。
毎日続けて、より速くより強く動ける体をつくろう。

ウォームアップ&動作向上トレーニング

体幹を固めつつ可動域を広げ、柔軟性を高める

ねらい

Menu 001 バーストレッチ

難易度	★
時　間	5～10分
回　数	適宜
人　数	1人

» 主にねらう能力

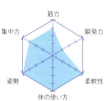

1～1.2mほどのバーを使ったセルフストレッチ。正しい姿勢と正しい動作、ねらうポイントを意識しながら行う。

やり方

1. まずは横方向の回旋。バーを肩の上にかつぎ、片ヒザ立ちの状態で上半身を左右に回旋させる。
2. 次に体全体の回旋。バーを振り回すように体全体を大きく回旋させる。
3. オーバーヘッドスクワットはバーを頭上に持った状態でスクワット。
4. クラウチではバーを肩の後ろに持って胸を開き、腰を落としながら上体を前傾させてストロングポジションをとる。できるようになったらその姿勢のまま歩く。

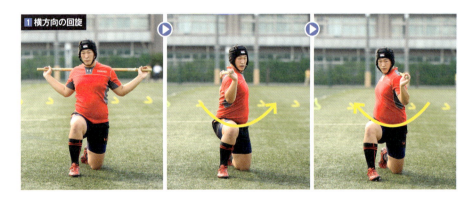

1 横方向の回旋

2 体全体の回旋

3 オーバーヘッドスクワット

4 クラウチ

!ポイント

様々な体幹の使い方を覚える

　横方向の回旋ではバーが地面と平行になるように保ち、胸を張って顔を正面に向けたまま大きく動かす。回転扉が回るようなイメージで。ウエートトレーニングで固めた筋肉の柔軟性を高めるとともに、ボールを取りに行って投げるというパスの動作にもつながる。体全体の回旋は下半身を固定したまま腰から上を大きく動かす。オーバーヘッドスクワットはバーを持つことで体幹が締まり、体が前に傾かなくなるため難度が上がる。ヒザを前に出さず、お尻を斜め後方に落とすように。クラウチは体幹を固めて背中のラインを真っすぐに保ち、胸椎を開く。背中の角度が地面から45度になるよう前傾する。

! Coach's Voice

» 「姿勢、動きを正確に!」

» 「肩のラインを地面と平行に! バーが斜めになってはダメ」

» 「体幹をしっかり固めることを意識!」

» 「ウエートトレーニングで追い込んでいるから、回旋させないと体が硬くなる」

ウォームアップ＆動作向上トレーニング

下のボールを意識。
素早く低くなり、鋭く動く

Menu **002** ロープくぐり

難易度	★★
時　間	5分
回　数	2～3セット
人　数	1人

》主にねらう能力

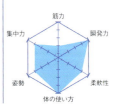

1mほどの高さに張ったロープをくぐる動作向上トレーニング。瞬時に低くなり、すぐ次の動き出しに移る意識を浸透させる。

やり方

1. 正面を向いたまま横に動いてロープをくぐる。時間を決めて左右くり返す。
2. ロープに正対し、クラウチの状態からロープをくぐる。時間を決めて左右くり返す。
3. ロープをくぐったあと、すぐにダッシュ→ポールをターンして再びロープをくぐり、バックでもどる。正面、横方向を組み合わせながら連続する。

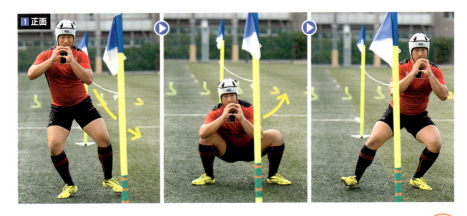

1 正面

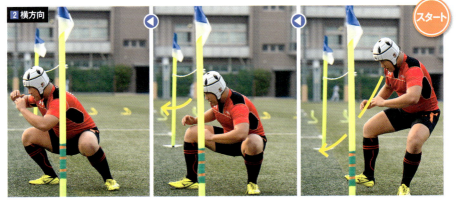

2 横方向

3 くぐり&ダッシュ

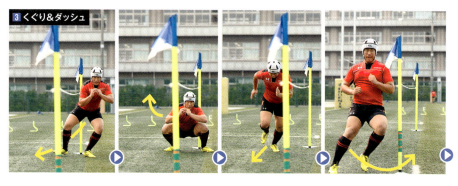

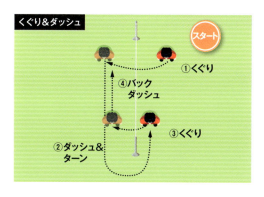

ポイント

ストロングポジションから素早く低くなる

　下のプレー（地面に近い位置の低い姿勢でのプレー）を意識したトレーニング。どの方向にも動き出せるストロングポジションから、素早く低くなる動作（クイックヒップダウン）を身につける。また、くぐったあとすぐに次へ動き出す意識も徹底させること。

 Coach's Voice

≫「下のプレーを意識して!」

≫「ヒップダウンスピード（素早く低くなる）が大事!」

≫「くぐったあとの動き出しを早く!」

ウォームアップ&動作向上トレーニング

全身をダイナミックに動かして戦う意識を高める

Menu 003 メディシンボールファイト

難易度	★★
時間	5分
回数	2〜3セット
人数	1人

» 主にねらう能力

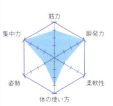

重さ5kgのメディシンボールを使用した激しさを前面に押し出すためのトレーニング。投げる、叩きつける、倒れて起き上がる、ダッシュするという要素をからめながら闘争心をアップさせる。

やり方

1. メディシンボールを持ち上げ、思いきり振りかぶって地面に叩きつける（ファイト）。時間を決めてくり返す。
2. コンビネーションではまず3回ファイトして前方へ放り投げ、すぐに追いかけてボールの上にダウン。起き上がってボールを持ち上げ、再びファイト2回→キャッチして持ったままダッシュ、スタート地点にダウンボールする。

1 ファイト

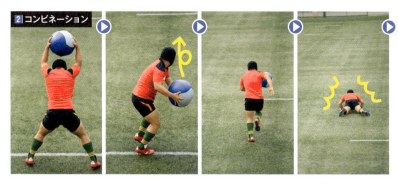

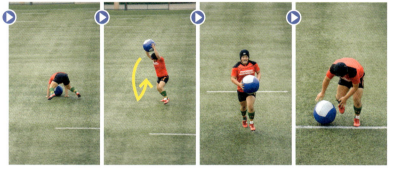

ポイント

激しさを前面に アジリティも意識する

ファイトの際は思いきり振りかぶって、全身を使って全力で叩きつける。戦う意識をみなぎらせるイメージで。コンビネーションではファイトの合間にタックルから倒れて起きる、チェイシングといったゲームライクなアジリティの要素も加わる。息が上がるなかでも激しさと素早さ、正確に行うことを意識する。

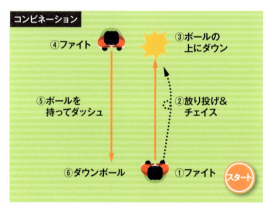

Coach's Voice

» 「激しく！ 戦う気持ちで！」
» 「休まない！ 次への意識！」
» 「倒れたらすぐに起きる！」

ウォームアップ＆動作向上トレーニング

ヒガシの基本姿勢。体幹を固めて下半身を安定させる

ねらい

Menu 004 300キロ 3万円

難易度	★★★
時間	3分
回数	2～3セット
人数	1人

》主にねらう能力

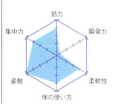

スクラム、モール、タックルなどすべてのプレーに通じる基本姿勢をつくるためのトレーニング。どんな状況でもすぐにこの姿勢をとれるように体に染み込ませる。

やり方

1. 首から肩の間で300kgの丸太をかつぐイメージで姿勢をとる。
2. 徐々に上体を前傾させていく。
3. 両手を前に出して構える。

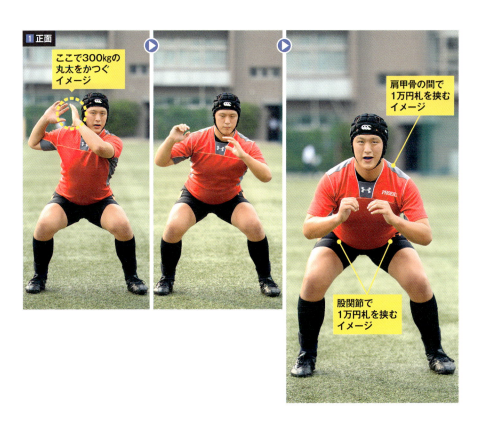

1 正面
ここで300kgの丸太をかつぐイメージ

肩甲骨の間で1万円札を挟むイメージ

股関節で1万円札を挟むイメージ

2 横

Extra

▲中に入れた水が動くことで重心が移動する丸太状のトレーニング器具を使って行うと、より負荷が高まる

ポイント　肩甲骨と股関節の使い方を覚える

肩の外（腕に近い側）で300kgの丸太を持ち上げようとすると、力が外に逃げるため絶対に持ち上がらない。持ち上げるためには首～肩の付け根の深い部分でかつぐこと。首から肩周りを固めるために、肩甲骨の上の部分を寄せること（シュラッグ）を意識。それによって首周りの筋肉が収縮して首が固定されるため、ケガの予防にもなる。前傾する際は腰を曲げるのではなく、股関節を折ると下半身の安定性が高まる。ヒザがつま先より前に出ないようにし、お尻を後ろに引くようにして前傾する。肩甲骨と股関節の使い方を意識させるため、肩甲骨の間と両足の股関節に1万円札（大事なものを想定）を挟んで風が吹いても飛ばされないようなイメージで行うことからこの名前がついた。

Coach's Voice

- 「顔を上げる!」
- 「腹筋と背筋を締めて体幹を固定すること!」
- 「背中は真っすぐ!　胸を張る!」
- 「肩甲骨で1万円札を飛ばされないように挟む!」
- 「腰を曲げるんじゃなくて股関節を折る!」

ウォームアップ＆動作向上トレーニング

基本姿勢のまま、力強く前に押し込む

Menu **005** レッグドライブ

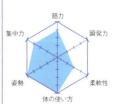

難易度	★★★
時間	5〜10分
回数	攻守交代して2〜3セット
人数	2人

» 主にねらう能力

「300キロ3万円」の基本姿勢を維持したまま前進するためのトレーニング。首〜肩を使ってしっかりとバックし、相手の芯をとらえながら押し続けられるようにする。

やり方

1. 「300キロ3万円」の姿勢から前傾し、相手のお尻の下の部分に肩を当てる。
2. ネックロック（首を寄せて固める）と腕のバインドでしっかりとバックする。
3. 姿勢を維持したまま10m押す（ドライブ）。
4. できるようになったら、次の段階ではパートナーがお尻を左右に振ってずらしてくるところで芯をとらえ続けながら押す。最後はお互いが押し合う。

ポイント 芯を逃さないように真っすぐドライブする

相手のお尻の下の部分を300キロの丸太に見立て、首から肩の深い部分を当ててバックしながら押し込む。胸を張り、肩からお尻を結ぶ背中のラインが地面と平行になる姿勢を維持すること。左右に動くパートナーに対し、ネックロックとバインドで芯を逃さないようにしながらできるだけ真っすぐドライブする。大股で進もうとすると姿勢が崩れやすい。ショートステップで小刻みに前に出る。

Coach's Voice

» 「背中は真っすぐ、地面と平行に!」

» 「体はタッチラインと平行、ゴールラインに直角に!」

» 「パートナーはお尻を振ってあばれる!」

» 「ネックロックとバインド!」

» 「相手の芯をとらえ続けろ!」

ウォームアップ&動作向上トレーニング

体幹を固め、共同作業で不安定な状況に対応する

Menu **006** スパイダートレーニング

難易度	★★★★
時 間	5～10分
回 数	交代して1～2セット
人 数	2人

» 主にねらう能力

両手、両足を地面についた姿勢でパートナーを背中に乗せて行うトレーニング。バランスをとりながらいろいろな動きで負荷をかける。

やり方

1. スパイダーウォークの姿勢をとり、パートナーがあお向けで背中の上に乗る。そのまま前進する。
2. パートナーがバランスを取りながら、360度水平に回転する。

1 スパイダーウォーク

2 回転

体幹を固める

⚠ ポイント　体幹を固めて重心がぶれないように

　スパイダーになる側は背中を地面と平行に真っすぐ保つ。大切なのは2人が共同作業でバランスをとること。上に乗る選手はしっかりと体幹を固め、重心がブレないようにする。体幹を固定できないとバランスが崩れやすい。

Coach's Voice

≫ 「体幹を固める！　グラグラしない！」

≫ 「共同作業だよ！　2人で助け合ってバランスをとる！」

≫ 「姿勢をとっている側は下を向かない！」

≫ 「簡単にあきらめるな！　粘れ！」

ウォームアップ＆動作向上トレーニング

「倒れたらすぐに起き上がる」を自動化する

ねらい

Menu **007** ダウン&アップ①

難易度	★★★
時　間	2分
回　数	5回を1〜2セット
人　数	1人

≫ 主にねらう能力

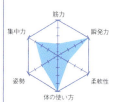

ラグビーでは倒れて起き上がるという動作をくり返し行う。いち早く次のプレーに参加できるよう、倒れる→すぐに起きるという動作を徹底して体に刷り込んでいく。

やり方

1. クラウチの状態からコーチの合図（コール）でうつ伏せになる。
2. 次のコーチのコールで素早く起き上がる。
3. 次のプレーに備えて再びクラウチの姿勢をとる。時間や回数を決めてくり返す。

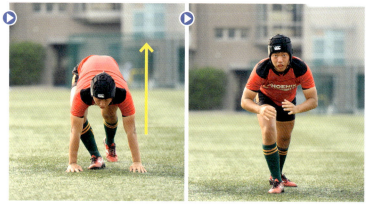

お尻から引き上げる

❗ ポイント 素早く起き上がるコツは「お尻」

プレー中、地面に倒れている時間をできるだけ短くし、素早く起きて次のプレーに参加する意識を徹底する。起き上がる際は頭から上がるのではなくお尻から引き上げると、より早く起き上がることができ、自然とすぐにスタートを切れるクラウチの姿勢になる。意識してこの動きをするのではなく、どんなときでも倒れたら無意識にお尻から立ち上がれるようになるまで反復して刷り込んでいく。

###

> 「合図が鳴ったらすぐ起きる！ 地面に寝ている時間をできるだけ短く！」

> 「腕で起きるのではなく、お尻から！」

> 「立ったらクラウチ！ 次のプレーへの準備！」

ウォームアップ＆動作向上トレーニング

素早くお尻から立ち上がり、いち早く動き出す

Menu **008** ダウン＆アップタッチゲーム

難易度	★★★
時　間	3分
回　数	攻守交代して5回ずつ
人　数	2人

≫ 主にねらう能力

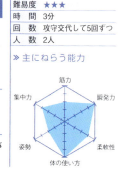

Menu007を発展させた2人一組で行う反応ゲーム。一方が子、もう一方が鬼になり、寝た状態から素早く起き上がるリアクションスピードを競う。

やり方

1. ともにうつ伏せ（ダウン）の状態でセット。
2. Menu007のダウン＆アップの要領で、子が自由なタイミングで素早く立ち上がって逃げる。フェイントを入れるのも可。
3. 子が立ち上がったらすかさず鬼もアップで起き上がり、5mの間に子のお尻にタッチすれば勝ち。タッチされず逃げきったら子の勝ち。

Extra

ボールを使う

2人の間にボールを置いておき、鬼が拾って子のお尻に当てたら勝ち。

> **ポイント**

しゃくとり虫のように
体を使って立ち上がる

Menu007でやったことを意識して、しゃくとり虫のようにお尻から引き上げて素早く立ち上がること。さらにそこからの動き出しと加速までを取り入れたメニューだ。ボールを使うと、どうしてもボールに意識がいって手を使って起き上がりがち。どんな状況でもお尻から上がる動作をしみ込ませる。

≫ 「必ずお尻から
　　引き上げる!」

≫ 「腕で立ち上がろうと
　　しない!」

≫ 「起き上がりながらの
　　動き出しを意識!」

ウォームアップ＆動作向上トレーニング

差し込まれた状況から体勢を立て直して素早く起き上がる

ねらい

Menu 009 ダウン＆アップ②

難易度	★★★
時 間	2分
回 数	5回を1～2セット
人 数	1人

» 主にねらう能力

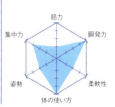

ダウン＆アップ①の応用形。タックルで相手の勢いに押されて差し込まれた状況を想定し、体の回転を利用して素早く立ち上がる。

やり方

1. クラウチの状態からコーチの合図（コール）でうつ伏せになる。
2. 次のコーチのコールで体を横方向に回転させながら、勢いを利用して素早く起き上がる。
3. 次のプレーに備えて再びクラウチの姿勢をとる。時間を決めてくり返す。

⚠ ポイント

いち早く起き上がろう

相手の勢いに押されて食い込まれた苦しい状況でも、素早く起き上がればボールにからめる可能性はある。状況に応じていち早く起き上がるための体の使い方を身につける。

❗ Coach's Voice

» 「体の勢いを使って早く起き上がる！」

» 「食い込まれてもチャンスはある！」

ウォームアップ&動作向上トレーニング

様々なメニューを連続し、ゲームに近い負荷に慣れる

Menu **010** サーキットトレーニング

難易度	★★★★★
時　間	15分
回　数	時間を変えながら3セット
人　数	何人でも可

» 主にねらう能力

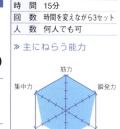

グラウンド内に様々なエクササイズをセットし、インターバルを挟んで移動しながらひとつずつこなしていく。時間は1つのメニューを20秒間エクササイズ→20秒間移動&レスト→次のメニューを20秒間エクササイズ……というように設定。1ターンの時間を長くすればトレーニング負荷が高まり、短くすれば移動してセットするポジショニングのスピードが求められる。

❗ポイント　複合的な能力をラグビーに近い動作で高める

筋力、瞬発力、持久力、方向転換など様々なメニューを、インターバルを挟みながら連続して行うことで、試合の負荷に近いトレーニングになる。一つひとつの動作を正しく行うことはもちろん、次のメニューへ時間内に素早く移動するポジショニングスピードの意識も大切だ。

❗ポイント　苦しい状況で戦える体力やメンタルも鍛える

指導する際に意識しているのは「選手が気持ちいいことさせていてはダメ」ということ。このように苦しいメニューも、明るくできるようになろう。サーキットを一巡したあとにブレイクダウンドリル（連続オーバー等）を入れたりすると、きつい状態でラグビーをするような状態になるので、より実戦的な練習になる。

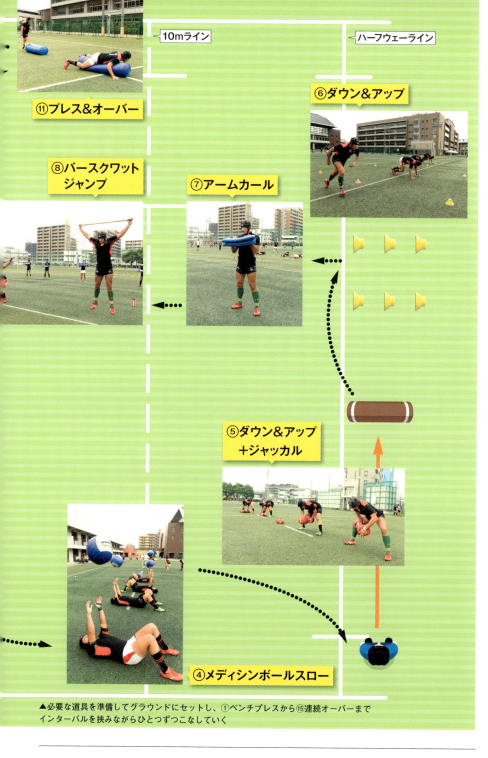

[ピックアップしていくつかご紹介]

③ロープくぐりジャンプ

◀ロープをくぐったあとにそのままジャンプ。左右連続で行う

⑤ダウン&アップ+ジャッカル

◀ダウン&アップから10mダッシュし、ジャッカルをイメージして地面の重りを何回も持ち上げる

⑥ダウン&アップ

◀2mおきにマーカーをセットし、ダウン&アップを連続する

⑨ミニハードル

◀高さ20cm程度のミニハードルを倒さないように両足ジャンプ（左右往復）

⑬タックルダミーファイト

◀重く小型のタックルダミーを使用。縦に思いっきり持ち上げてひっくり返す

⑭ショートダッシュ

◀デッドボールラインからゴールラインまでの約20mを全力疾走

Coach's Voice

» 「スピードを意識!」   » 「次への移動を早く!」

» 「ノーペナルティ！　ズルしたり妥協したりするな!」

COLUMN
困ったときに立ち返る場所。「ヒガシ・ゼロ」

なにかに困ったときや迷ったとき、うまくいかなかったときに立ち返る場所を持っておきたい。そうした思いから選手たちと話し合ってつくったのが「ヒガシ・ゼロ」というコンセプトです。それまでは「コミュニケーション」や「ハードワーク」などありきたりの言葉を使っ

COLUMN 困ったときに立ち返る場所。「ヒガシ・ゼロ」

ていたのですが、もっと簡単にイメージできて、なおかつ浸透しやすい言葉にしたかった。そこで考えたのがアルファベットのAで始める4つの言葉（Access、Action、Aggressive、Auto control）を合わせた「４A」というテーマでした。そしてこの４Aを、我々は「ヒガシ・ゼロ」と呼んでいます。

アクセス（Access）は、自分から積極的にクリックしてつながっていこうという意味です。ネット時代の今の子たちは他者に関心の薄い子が多い。ですから「コミュニケーション」というより「アクセス」といったほうがイメージしやすいだろうと考えました。アクション（Action）については、ラグビーではよく「リアクション」という言葉が使われますが、リアクションとは何か起こったことに対して反応することです。そうではなく、「re」を外して自分からアクションしていこうという意味を込めています。

アグレッシブ（Aggressive）はハードワークを示す言葉で、すべてにおいて元気に、アグレッシブにいこうという意味があります。オートコントロール（Auto control）は規律、ディシプリンを意味し、自分たちで気持ちをコントロールしていく姿勢を表しています。

試合や練習でうまくいかなくなったとき、この「ヒガシ・ゼロ」に立ち返ることで、選手たちはなにがおかしいのか、なにがまちがっているのかを自分たちで考え、修正点に気づくことができます。ペナルティが多いのならオートコントロールに問題があるかもしれないし、ミスが多いのならアクセスが足りていないのかもしれない。当たり前のことを言っているだけですが、こうした「困ったらゼロに戻る」というものをつくっておくと、安心感につながりますし、問題に対してより明確な答えを導き出すことに結びつくと思います。

第2章
ベーシックドリル

ブレイクダウンでクリーンにボールアウトするためには、ボディコントロールとボールコントロール技術を高めることが大切だ。ラグビーで必須となる基本技術を身につけよう。

ベーシックドリル

ゲインされても素早く体勢を立て直し次のプレーに備える

ねらい

難易度	★★
時間	3分
回数	1人3回ずつ×3セット
人数	2人

» 主にねらう能力

Menu 011 タックルリアクション①

相手の勢いに食い込まれたタックルのあとの動きを想定した練習。素早く体勢を立て直してリロードするよう体に刷り込んでいく。

やり方

1. タックルダミーを持って走り込むアタッカー（写真右の選手）にタックルする。
2. 食い込まれて後ろ向き（自軍ゴールライン方向）に倒れた状況から、体を回転させてその勢いを使って素早く起き上がる。
3. いち早くオフサイドラインまで戻り、次のディフェンスに備えてセットする。

守備方向 / 必ず相手の上に乗る

オフサイドラインまで戻ってディフェンスセット

ポイント　タックルをしたら相手の上に乗る

大きい選手や走り込んでくる選手に対してタックルする際は、どうしても食い込まれてしまう場合がある。そんな状況でも素早く体勢を立て直し、次のディフェンスに備えられれば、ゲインされた傷口を最小限にとどめられる。素早く立ち上がるための身のこなしと意識を刷り込んでいく。なお、どんなタックルでも倒れたときに相手の上になることが重要。

Coach's Voice

» 「食い込まれてもそこであきらめない!」

» 「必ず相手の上になること!」

» 「次のディフェンスセットを早く!」

ベーシックドリル

勢いを使って起き上がり低く強い姿勢でアプローチ

難易度	★★
時　間	3分
回　数	1人3回ずつ×3セット
人　数	2人

» 主にねらう能力

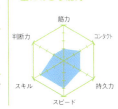

Menu 012 タックルリアクション②

今度はサイドタックル後のリアクション。横へかわそうとする相手を追いかけて倒し、一連の動作で起き上がってボールにからむ。

やり方

1. タックルダミーを持って逃げるアタッカー（写真左の選手）を追いかけてタックルする。
2. 正面を向くように体の向きを変えながら素早く起き上がる。
3. ボールに対してアプローチするイメージで低く強い姿勢をつくる。

守備方向

必ず相手の上に乗る

外側の足を大きく振り回しその勢いを使って起き上がる

守備方向

低く強い姿勢でアプローチする

ポイント

外側の足を大きく振り回す

タックル時に相手の上に倒れることの重要性は共通。それによって倒した相手より先に起き上がってプレーすることができる。起き上がる際は外側の足を大きく振り回し、その勢いを利用すると、より早く強い姿勢で正面にセットすることができる。

Coach's Voice

» 「必ず相手の上になること!」

» 「外側の足をうまく使って起き上がる!」

» 「素早く正面を向いて強い姿勢をつくれ!」

ベーシックドリル

早いリアクションとサポートで
ピンチを一転チャンスに

Menu **013** リアタックル

難易度	★★★
時　間	5分
回　数	往復で30秒間×3セット
人　数	5人

» 主にねらう能力

防御を突破され追いタックルになった状況を想定した練習。
素早い反応で相手のサポートより先にアプローチする。

やり方

1. 防御側は4人一組。攻撃側がタックルダミーを引っ張りながら逃げるところへタックル。
2. タックラーは素早く起き上がる。攻撃側の選手が戻って台になる。
3. サポートプレーヤー（2人）がゲートを通って加わり、ラックを乗り越える。
4. 4人目の選手はボールセキュリティに入る。

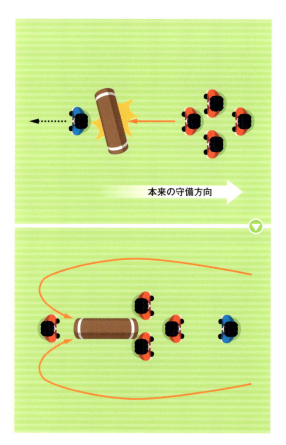

本来の守備方向

ポイント

素早いアクションで相手からボールを奪う

　ディフェンスラインが突破されたピンチの状況だが、こういうときは意外に相手が孤立することが多い。そこで素早くリアクションして相手サポートより先にアプローチできれば、ボールを奪える。

ポイント

オフザゲートにならないように

　タックラーは素早く起き上がることを意識。サポートプレーヤーはオフザゲートにならないよう、必ずダミーの後ろまでしっかりと戻ってからゲートを通って入ることを徹底する。起きようとするタックラーを持ち上げて（リフトアップ）一緒になって押し込むくらいの早いタイミングでサポートに入る意識も大切だ。

本来の守備方向

しっかりと戻り
ゲートを通って入る

サポートプレーヤーが
タックラーをリフト
アップしながら押し込む

Coach's Voice

» 「戻りを早く!」

» 「ピンチをピンチにしない! チャンスに変える意識!」

» 「ゲートをしっかり通る! 反則しない!」

» 「サポートプレーヤーがリフトアップしてあげよう!」

ベーシックドリル

いいダウンボールがスムーズな ボールアウトにつながる

ねらい

Menu **014** シュリンプ

難易度	★★
時　間	5分
回　数	30秒間×3セット
人　数	3人

≫ 主にねらう能力

タックルされたあとのダウンボールスキルを高める練習。相手にからまれないためのボディコントロールとボールコントロール技術を身につける。

やり方

1 ボールキャリアーは手と両ヒザをつき、ボディコントロールしやすいようサポートプレーヤーが足を押さえて固定する。

2 キャリアーがボールを持って地面にプレスした時点でスタート。

3 相手ディフェンダーにからまれないようフェイントを入れたり体を使ってボールをガードしながら、できるだけ遠く（自陣ゴールライン側）にダウンボールする（ロングリリース）。

プレス

シュリンプ

ロングリリース

◀きちんとシュリンプしてロングリリースすると相手のジャッカルが届かない

◀シュリンプせず、体の近くにダウンボールすると相手がジャッカルしやすい

⚠ ポイント

エビのように体を折ってロングリリースする

　茹でられたエビ（シュリンプ）のように体を折り曲げてできるだけ遠くにダウンボールすることから名前がつけられたメニュー。倒れる際、最初から横を向くと相手にからまれやすいので、まず体と地面の間でつぶすようにしてボールを隠し（プレス）、素早く体をひねってシュリンプする。一度瞬間的に逆方向へフェイントを入れてからシュリンプするとより効果的。味方側へロングリリースするまでのスピードをもっとも意識する。

💬 Coach's Voice

» 「しっかりボールをプレスする！」

» 「シュリンプからダウンボールまでを早く！」

» 「ロングリリース！近いとからまれるぞ！」

ベーシックドリル

ロングリリース&早いリアクションでボールアウトをクリーンに

Menu **015** シュリンプ→オーバー

難易度	★★
時　間	5分
回　数	30秒間×3セット
人　数	3人

》 主にねらう能力

Menu014の発展形。シュリンプでダウンボールしたあと、ジャッカルにくる相手ディフェンダーをサポートプレーヤーがオーバーする。

やり方

1. セットからプレス→シュリンプ→ダウンボールの流れまではMenu014 シュリンプと同じ。

2. ダウンボール後、サポートプレーヤーが起き上がり、ジャッカルにくる相手ディフェンダーをオーバーする。

! ポイント 6時の位置、二等辺三角形

ボールキャリアーに対して常に6時の位置（真後ろ）からサポートにつくことが大切。その位置からオーバーに入ることを意識づけるための練習でもある。なお、ボールキャリアーがロングリリースできた場合はジャッカルにくる相手の腕が縦長の二等辺三角形になるので、サポートプレーヤーが1人でクリーンアウトしやすい。一方ダウンボールがキャリアーの体の近くになると、深くかぶられて正三角形に近い二等辺三角形になり、クリーンアウトが困難になる。

6時の位置にサポートする効果

サポートにつく選手が6時の位置をとることで、ボールキャリアーがどんなプレーを選択してもすぐに対応できるようになる（タックルされて倒れたらオーバーに入る、立っていたらハンマーで押し込む、当たり勝ったらオフロードやリップでボールを受ける等……）。左右どちらかのサイドに浅くつくとパスを受けるしか選択肢がなくなり、ボールキャリアーがそれ以外のチョイスをしたときに対処できなくなる。

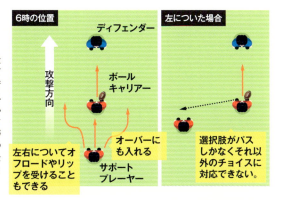

ロングリリースの効果

ボールキャリアーがロングリリースすると、ジャッカルにくる相手とボールの距離が遠くなるため、両肩から腕を通ってボールを結ぶ三角形が縦長の二等辺三角形になる（写真A）。一方、体に近い位置にダウンボールすると、相手に深くかぶられるため、正三角形に近い状態になる（写真B）。できるだけこの状態にならないようにしたい。

▲肩―腕―ボールが縦長の二等辺三角形になっている

▲深くかぶられると正三角形に近くなる

Coach's Voice

» 「素早いリアクションを意識！」

» 「6時の位置からオーバー！」

» 「ロングリリース！　縦長の二等辺三角形にさせる！」

ベーシックドリル

素早く沈み、相手の懐に入ってリフトアップする

ねらい

Menu **016** リフトアップヒット

難易度	★★
時　間	3分
回　数	1人3回ずつ×3セット
人　数	2人

» 主にねらう能力

タックルからブレイクダウンのオーバーまですべてに通じるヒット→ドライブの動作づくり。低い位置から相手の懐に入り、突き上げるように押し込む動きをしみ込ませる。

やり方

1. 台になる選手が柔らかい素材でできているメディシンボールを持ち、ワンアームの距離で向かい合う。
2. コーチの笛でタックラーは瞬時に低くなり（クイックヒップダウン）、ボールの下に体を入れて斜め上方向に向けヒット。
3. 相手の脇下に両腕を差し込み、相手を持ち上げながら（リフトアップ）押し込む。

ワンアームの距離

クイックヒップダウン

ポイント ワンアームの距離から沈んでリフトアップ

ワンアームはちょうどタックルレンジに入る距離。この距離まではどの方向でも素早く動ける姿勢（ストロングポジション）で間合いを詰め、ワンアームのレンジに入った瞬間、相手の視界から消えるように素早く沈んで低い姿勢をとる。相手から離れた位置ではなく踏み込んでボールの下に体を入れ、肩の上にボールがくるようにヒット。水平方向に真っすぐドライブすると大きい相手には上でボールをつながれるが、脇をとってリフトアップすればボールを殺すことができる。

Extra

コンタクトバックを使う

▲写真のようにコンタクトバッグを横に持って行うこともできる

Coach's Voice

» 「ヒップダウンスピードとアップスピードを意識！」

» 「瞬時に懐に入る！」

» 「ボールの下に体を入れてリフトアップ！」

» 「脇に腕を差し込んでドライブ！」

ポイント 懐をとることの意義

相撲の"双差し"と同じで、相手よりも低い姿勢から両脇に腕を差し込んで懐をとると、小さい選手でも体格で上回る相手を押し込むことができる（写真GOOD）。逆にがっぷりに組んで力勝負に持ちこまれると、大きい相手には重さとパワーで簡単に押しきられてしまう（写真BAD）。このリフトアップヒットはタックルやブレイクダウンのオーバーなど様々なプレーに通じる重要な基本動作なので、普段からクイックヒップダウン→リフトアップを意識づけしたい。

Extra

クイックヒップダウン→リフトアップの動作イメージ練習

相手をつけた練習をやり続けていると、どうしても相手とヒットする位置に意識が集中し、クイックヒップダウン、リフトアップがおろそかになってくる。そんなときは相手をつけず、クイックヒップダウンとリフトアップだけに特化した動作に立ち返ってみるのもいい。ポイントはパワーフットで踏み込んで素早く低くなり、バウンドするように下から上へジャンプしながら力強くリフトアップすること。ジャンプする際に踏み込むのはまさにパワーフットであり、そこから下半身と上半身を連動させながらジャンプするイメージを持つことで、相手がついた場合でも爆発的に力を発揮してリフトアップすることにつながる。リフトアップの力強さが薄れてきたな……と感じるときにオススメのトレーニング。これを前傾させてクラウチの姿勢にするとタックルになる。

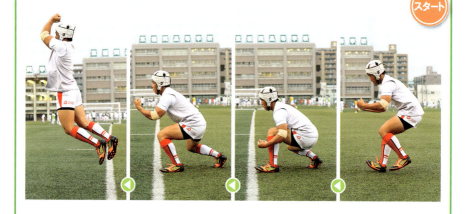

Coach's Voice

» 「踏み込みながら、鋭く低く!」

» 「バウンドさせるようにジャンプ!」

» 「腕を振り上げながらリフトアップ!」

» 「間合いを詰めてから沈んでジャンプするタイミングを覚える!」

ベーシックドリル

追い込み方からヒット、ドライブまで実戦的なタックルを学ぶ

難易度	★★★
時間	5分
回数	左右10回ずつ
人数	2人

≫ 主にねらう能力

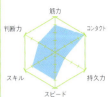

Menu 017 対角線タックル

5m四方ほどのグリッドを使用。対角線上を走るボールキャリアーにタックルし、反対側のコーナー方向へドライブする。

やり方

1. ボールキャリアーとタックラーが逆サイドのコーナーへ向かって同時にスタート。
2. タックラーが間合いを詰めてヒット。
3. ボールキャリアーをバインドしながら反対側のコーナーに向かって押し込む。

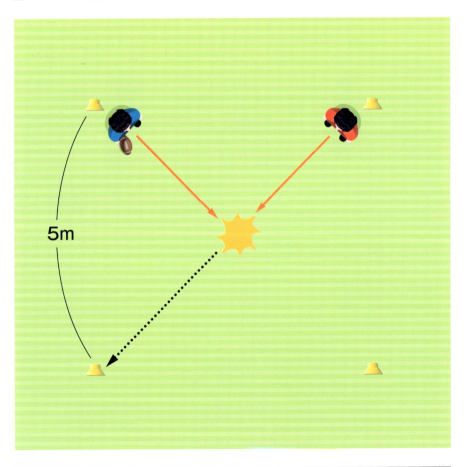

!ポイント　タックルレンジに入ったところで低くなる

　Menu016のクイックヒップダウン→リフトアップをより実戦的にしたタックル練習。スタートからの1mはトップスピードで間合いを詰め、タックルレンジに入ったところでクイックヒップダウン。目線の高さを下から上へ向けながら鋭くヒットし、リフトアップしながら対角線上をドライブする。

バインド位置による違い

腕を差し込んでリフトアップする際、バインドする位置が低いと、体を寄せられず相手に余裕を持ってボディコントロールされてしまう（写真BAD）。肩甲骨付近をつかむように両腕を深く差し込んで体をしっかりと密着させ、上半身をロックすることが大切だ（写真GOOD）。

Coach's Voice

≫「ショートアップ（間合いを詰めるスピード）を速く!」

≫「視界から消えるようにクイックヒップダウン!」

≫「バインドは相手の体の奥に!」

≫「前進させるな!」

パワーフットの踏み出し方

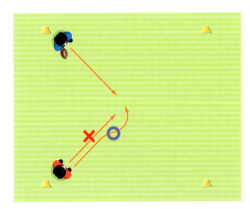

ボールキャリアーにヒットする際、同じパワーフットでも対角線上に真っすぐ踏み込む(相手の足の間に踏み込む)と、相手の推進力に負けて前に出られやすい(写真BAD)。相手の進行方向の前に踏み出して体を正対させ、自分の前に出る力をしっかりと伝えながらドライブすることがポイント。こうした細かい部分のこだわりが、強靭なコンタクトのベースになる。

正面に入る

ベーシックドリル

懐に入ってショートステップで相手をクリーンアウトする

Menu 018 リフトアップオーバー

難易度 ★★★
時間 5分
回数 3往復×2セット
人数 3人

» 主にねらう能力

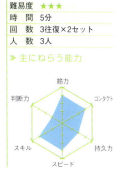

Menu016の発展型。クイックヒップダウン→リフトアップ後、タックルダミーの長さをショートステップでドライブしきる意識をつける。

やり方

1. 台になる選手（2人）はコンタクトバッグを持ってそれぞれ逆方向にセット。
2. オーバー役が間合いを詰めてクイックヒップダウン→ヒット。リフトアップしながらショートステップでタックルダミーをまたいで押しきる。
3. 次の台へ移動して同様に。往復でくり返す。

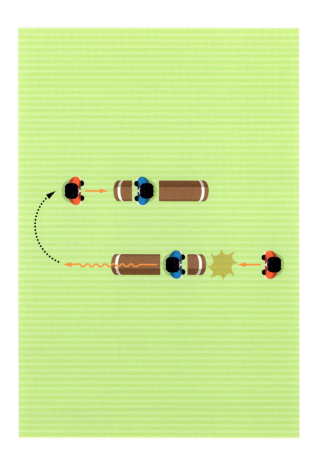

！ポイント

別々に練習してきた動作をつなげる

　Menu016からステップアップしてきたものを、ドライブしきるところまで広げた練習。下→上のリフトアップで相手の体を伸ばし、重心を浮かせて押し込む。押し込む際はショートステップで（大またになると倒れやすい）。相手の両腕をがっちりとロックすることも重要。きちんとこの動きをできるようになったら、ヒットする際のインパクトを激しくしていく。

ここまで押し込む

⚠ ポイント 相手をクリーンアウトするときの姿勢

相手の重心を浮かせる

両腕をロック

▲押し込むときはショートステップで足をかく

❗ Coach's Voice

≫ 「ヒップダウンスピードとアップスピード!」

≫ 「形をつくる段階では大げさなくらいに大きな動きでやってみよう!」

≫ 「ジャンプのイメージを持って!」

≫ 「インパクト!」

≫ 「相手と密着する! 空間をつくらせない!」

ベーシックドリル

死に体になることなく相手ジャッカルをクリーンアウトする

ねらい

Menu **019** ジャッカルリフトアップ

難易度	★★★
時　間	5分
回　数	1人3回ずつ×2セット
人　数	2人

» 主にねらう能力

ジャッカルにくる相手プレーヤーに対し、リフトアップヒットで立ったままクリーンアウトする動きを身につける。

やり方

1. タックルダミーを挟んで寝た状態から、スタートの合図で素早く起き上がってポジショニングする。
2. ジャッカルにくる相手を、クイックヒップダウン→リフトアップで引き起こす。
3. ドライブしてオーバーする。

正面から

ポイント リフトアップとツイストを使い分ける

ジャッカルにくる相手アライビングプレーヤーをクリーンアウトする際、体を密着させて倒れながら引き剥がす「ツイスト」（クロコダイル等ともいう）は有効だが、それでは自分も倒れて死に体になってしまう。ジャッカルプレーヤーとボールの間に隙間がある場合は、クイックヒップダウンからリフトアップで相手を引き起こしてオーバーしたほうが、立ったまま次のプレーに移行できるのでベターだ。素早く動き出せる姿勢から瞬時に低くなり、自分の両腕を組むようにしてジャッカルしようとする相手の両腕を挟んで締め上げ、力強くリフトアップ。そのまま押し込む。逆にジャッカルプレーヤーが深くかぶってきている場合はツイストを選択する。最終的にはジャッカルプレーヤーのかぶり方をランダムにして、状況に合わせてオーバーできるようにしていく。タックルダミーのどちら側からスタートするかによって、攻撃側と防御側のタイミングをアレンジすることができる。

横から

Coach's Voice

» 「寝て、起きて、すぐファイトしにいく！」

» 「自分の両腕を組むイメージでリフトアップ！」

» 「ツイストと使い分けの判断！」

COLUMN

ヒガシの「こだわり」①
【チームとしてのこだわり】
＝コンタクト

　強いチームをつくるためにはまず、自分たちがこだわる部分を明確にすることが大切だと感じます。こだわりとは、チームの長所であり、アイデンティティです。そこを明確にすると、メンバーを選ぶ際の基準もクリアになります。また、「これをやればチームの仲間から認められる」ということもわかりやすくなり、選手のモチベーションも高まります。

　東福岡が一番こだわっているのは、なんといってもコンタクトです。相手とぶつかってわずか50cm前に出るだけで、戦術の幅がぐんと広がります。

　たとえば2014年度の花園で優勝したチームは、BKにキープ力があり、特に両WTBがタッチラインの外へ出されない強さがあったので、大外に振った次の展開で逆目に振り戻してグラウンド中央にボールを運ぶ……という組み立てができました。それによりディフェンスが内側に寄ってくるので、外にスペースが生まれます。もし相手が外側のスペースを埋めるために広がれば、今度はインサイドのディフェンスが薄くなるので、FWが近場で前に出やすくなる。コンタクトが強ければ、そうしたラグビーの原理原則をそのまま実行することができます。

　具体的なコンタクトの技術で大事にしているのは、「ヒットスピード」と「角度」です。自分の間合いに入ったとき、いかにスピードを上げ、相手に力を伝えられるか。ヒットする高さに関しては、そこまで細かく指摘しません。それは「この姿勢が一番力を伝えられる」という自分なりのストロングスタイルを見つけることが、なによりも大切だと思うからです。

　では、練習で培った強いコンタクトを実戦で活用するためにはどうすればいいのか。これについては次のコラム（102ページ）でお話ししたいと思います。

第3章
実戦的ドリル編①(〜10人)

実際の試合では、1プレーに関わる人数はほとんどが10人以下。
少人数であっても、実戦に近い状況で練習することは十分可能だ。
1・2章で身につけた基本的な技術を、
実際のプレーに生かせるようになろう。

実戦的ドリル編①（〜10人）

一歩目のインパクトで
アライビングプレーヤーを押しきる

ねらい

Menu 020 連続オーバー

難易度	★★★
時　間	5分
回　数	30秒〜1分×3セット
人　数	3人

≫ 主にねらう能力

ブレイクダウンで相手のアライビングプレーヤーをオーバーする練習。Menu018と同じ流れだが、こちらはヒット時のインパクトにフォーカスしたもの。走り込むのではなく、近い距離から鋭くヒットして押しきる。

やり方

1. タックルダミーの上で構えるアライビングプレーヤーに対し、マーカーの位置から鋭くヒット。
2. そのままドライブしてタックルダミーの先まで押しきる。
3. 次のタックルダミーへ移動して同様にヒット→オーバー。
4. 時間を決めて、一連の流れをくり返す。

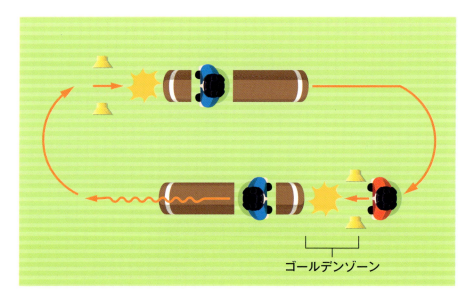

ゴールデンゾーン

！ポイント　ゴールデンゾーンで力を爆発させる

　意識するのは一歩目のヒットスピード、インパクトと相手を押しきること。相手と近い位置にいつでもスタートを切れる体勢でセットし、コーチのコールで鋭く前に出てヒット。相手の体幹部分をしっかりバインドし、タックルダミーの先までドライブする。後ろから勢いをつけて入ると倒れこみになりやすいので、必ずマーカーの位置からスタートして鋭くヒットすること。東福岡では相手にヒットするまでのこの1mの空間を「ゴールデンゾーン」と呼び、この距離で力を爆発させるように激しくヒットすることを徹底して意識づけている。

ゴールデンゾーン

一気にタックルダミーの先まで押しきる

この瞬間のスピードを意識

Coach's Voice

» 「いつでも動き出せるようにセット!」

» 「マーカーの後ろからスタートしない! 必ず近い位置から!」

» 「ゴールデンゾーンの意識!」

» 「足じゃなく体をつかんで押しきる!」

実戦的ドリル編①（～10人）

2人で力を合わせてかぶっている相手をクリーンアウトする

ねらい

Menu **021** ダブルオーバー①

難易度 ★★★
時　間　5分
回　数　5～10セット
人　数　4人

≫ 主にねらう能力

相手アライビングプレーヤーにかぶられた状況を想定したブレイクダウン練習。2人同時に入って相手に見立てたタックルダミーをめくり返す。

やり方

1. スタート地点からコーチのコールでマーカーの位置に移動。
2. ゲートオフサイドにならないよう真正面から2人同時にヒット。
3. かぶっているタックルダミーを折り返すように相手側へ押し込む。

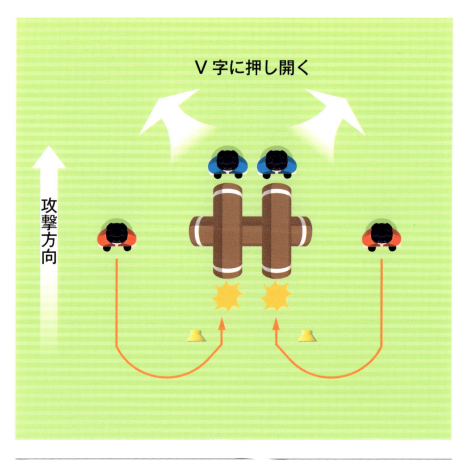

! ポイント　2人で息を合わせ、内から外へ押し込む

ボールキャリアーがタックルされたあと、ロングリリースできず相手にジャッカルされそうになっている劣勢のブレイクダウンを想定した練習。このような状況では、とにかくオーバーの迫力が大切になる。タックルダミーを押さえている選手ごと倒しきるイメージで、タックルダミーをグシャッと反対側に折るようにオーバーする。なおオーバーする方向は、相手2人をV字に押し開くように内から外へと押し込むこと。これにより4人目のサポートプレーヤーがラックの真上（ゼロチャンネル）をピック＆ゴーで攻められるようになる。

横から

ゴールデンゾーンの爆発力を意識

タックルダミーを折るように押し込む

後ろから

ヒット後、V字に押し開くように押し込む

オフザゲートにならないよう入るときは正面から

ゼロチャンネルに攻める空間が生まれる

Coach's Voice

> 「2人でタイミングを合わせて同時に入ろう!」

> 「目の色を変えるくらいの気持ちでオーバーする!」

> 「相手ごと押し込んで乗り越えろ!
　ゴールデンゾーンのスピードを意識!」

> 「(押す方向は)内から外!　ゼロチャンネルの空間をつくれ!」

実戦的ドリル編①（〜10人）

展開後のブレイクダウンでの
サポート&オーバーを身につける

Menu 022 ダブルオーバー②

難易度	★★★★
時間	10分
回数	5〜10回
人数	7人

≫ 主にねらう能力

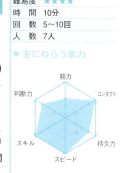

より実戦に近い状況でのブレイクダウン練習。オープン展開からボールキャリアーがヒットし、サポートプレーヤーがオーバー、ボールアウトして次の展開まで行う。

やり方

1. 攻撃側はSH＋ライン5人。防御側は1人。
2. SHがボールアウトし、パスをつないで第2CTB（3人目）がヒット。
3. 両サイドのサポートプレーヤーが2人でダブルオーバー。
4. 4人目のサポートプレーヤーがボールセキュリティに入る。
5. ラックからブラインドサイドへボールアウトする。

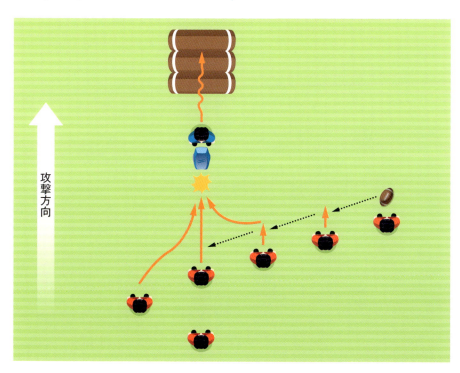

> ⚠️ **ポイント**

素早く次のプレーに移れるよう、6時の位置に入ることを徹底

　横方向に展開してタックルが起こった瞬間、サポートプレーヤーがポイントに寄ってオーバーし、素早くボールアウトして連続攻撃につなげるための練習。オーバーに入る2人が6時の位置（ボールキャリアの真後ろ）から2人同時に入り、クッションとして置いた後方のタックルダミーまで激しく一気に押しきる。相手より先にオーバーに入れるよう、パスをした選手はすぐにフォローして6時の位置につく意識を徹底。ボールセキュリティに入る4人目は、次の展開で最初にサポートするオープンサイドFLの役割（東福岡ではセブンと呼ぶ）になる。

セキュリティ
（次の展開のオープンFL）

2人同時に
ダブルオーバー

3人目の
レシーバーがヒット

Coach's Voice

≫ 「パスしたらすぐフォローして6時の位置に入る!」

≫ 「サポートプレーヤーはディープ（深くサポート）に」

≫ 「オーバーは2人同時に、激しく!」

≫ 「セキュリティ早く！　次へのスタートも意識!」

6時の位置にサポート

実戦的ドリル編①（〜10人）

からまれた味方ごと押し込んで素早くボールアウトする

Menu **023** ブレイクダウンドリル①

難易度	★★★
時　間	10分
回　数	5〜10回
人　数	4人

» 主にねらう能力

ボールキャリアーが相手にからまれた状況を想定したブレイクダウン練習。塊ごと押し込んでスローダウンさせずに球出しすることを目指す。

やり方

1. 攻撃側3人、防御側1人。攻撃側のSH役がパスをしてスタート。
2. ボールキャリアーがディフェンダーにヒット。ディフェンダーはタックルではなくボールにからむ。
3. 外側のプレーヤーとSH役がサポートに入り、ボールキャリアーおよびディフェンダーごと押し込んで倒す。
4. ボールキャリアーはシュリンプして6時の方向にダウンボールする。

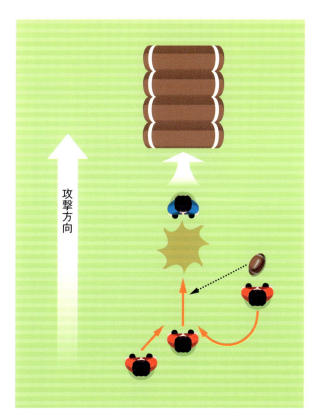

！ポイント

ブレイクダウンを壊すイメージで相手ごと押し込む

相手からボールにからまれた際、沈もうとしたり、からまれた腕を引きはがそうとしたりすると、ボールアウトまで時間がかかり、前に出る推進力も生まれない。むしろブレイクダウンを壊しにいくようなイメージで相手ごとボールキャリアーを複数で押し込んだほうが、前に出られる上に結果としてボールアウトも早くなる。素早いチェイシング（ボールキャリアーへのサポート）と体を寄せてひと塊になること、足をかき続けることを意識。最後のダウンボールまできちんと行う。

Coach's Voice

» 「押し込む勢いが大事！ 思いきり激しく！」

» 「サポートは真後ろから！ チェイシング！」

» 「ディフェンダーもしっかりからめ！」

» 「ちゃんとシュリンプしてダウンボールまで！」

実戦的ドリル編①（〜10人）

状況別の3種類のブレイクダウンテクニックを身につける

Menu 024 ブレイクダウンドリル②

難易度 ★★★
時　間 10分
回　数 3〜5セット
人　数 2人

» 主にねらう能力

異なる3つの状況に応じて、スキャン、クリーン、オーバーの3つのブレイクダウンテクニックを連続で行う。

やり方

1. 1対1でポイントを移動しながら行う。まずはタックルして起き上がりボールにからもうとしている相手を押し込む（スキャン）。
2. 次はジャッカルしようとしているアライビングプレーヤーに対し上から体を密着させ、バインドして横に回転しながらはがす（クリーン／ツイスト、クロコダイルともいう）。
3. 3つ目はアライビングプレーヤーがこれからブレイクダウンに入ろうとしている状況。タックルダミー（倒れている選手を想定）をまたいでオーバーする。

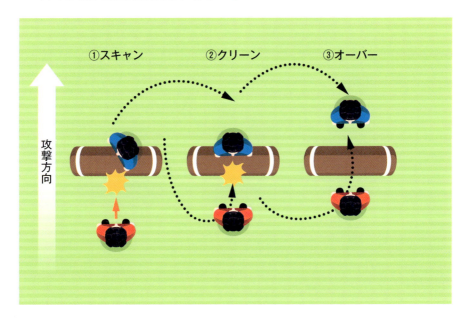

⚠️ ポイント 鋭く踏み込み、激しくアプローチする

　共通するのはボールにからませないよう激しく相手にアプローチすること。相手の状況に応じてもっとも効果的な入り方を使い分ける判断力も重要だ。反則をしないよう、どのポイントでも必ず正面からゲートを通って入ることを徹底。また後ろから走り込むのではなく、近い距離から鋭く踏み込んでヒットする（ゴールデンゾーンへのステップイン）ことを意識する。できるようになったら順番を決めず、3種類をランダムに組み合わせながら行う。

①スキャン

②クリーン

次ページへつづく ➡

Coach's Voice

» 「激しく！　相手が二度とジャッカルに行きたくないと思わせるように！」
» 「状況をよく見て判断！」
» 「リアクションを早く！　すぐ起きる！」
» 「ゴールデンゾーンのステップインを意識！」

実戦的ドリル編①（〜10人）

3種類のブレイクダウン
テクニックをコンビで使い分ける

ねらい

Menu **025** ブレイクダウンドリル③

難易度	★★★
時　間	10分
回　数	3〜5セット
人　数	3人1組

≫ 主にねらう能力

Menu024の発展形。攻撃側が2人一組になり、2つのポイントを移動しながら相手の状況に応じてオーバーする。

やり方

1. 攻撃側2人、防御側1人で1ユニット。複数にユニットを増やして同時に行っても可。
2. 準備態勢からコーチのコールでスタート。Menu024でやった3つのブレイクダウンテクニックを2人で行う。基本的には1人目がスキャン、クリーン、オーバーを使い分け、2人目はサポートするようにオーバー。
3. 2つのポイントを往復しながら連続で行う。防御側はランダムにアプローチの仕方を変える。

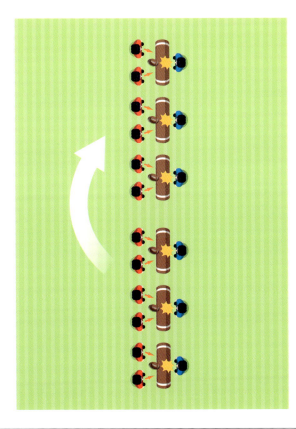

ポイント どのテクニックを使うか、素早く状況を判断

東福岡では「ボールキャリアー＋3人」の計4人がポイントに入ることを、攻撃時のブレイクダウンの原則にしている。そのうち2人目、3人目のサポートを抽出した練習。できるだけ2人同時に入ることで、オーバーの推進力がより高まる。ランダムに状況を変えながら連続して行うことで、「見て、判断して、使うテクニックを決める」という一連の流れをスムーズにできるようにしていく。

次への動き出しを早く

Coach's Voice

- 「前を向く！ すぐスタートできる準備!」
- 「素早く判断して、2人で連携して入る!」
- 「オーバー以外は相手を向こう側へ倒せ!」
- 「リアクション！ 次へのセットを早くしよう!」

前を向いてすぐにスタートできる準備をする

ポイント
素早く次のプレーに移る

1つ目のポイントをオーバーし終えたあと、次のポイントへ移動するまでのスピードは、速い展開のラグビーを実践する上で大きなポイントのひとつになる。タックルをした側もされた側も、起き上がったあとの素早い動き出しを意識しよう。

また、ポジションセットからいつでもスタートできるよう準備しておくことも大切だ。どの方向でも瞬時に、強い体勢で動き出せるような姿勢を常にとることを徹底しよう。

実戦的ドリル編①（〜10人）

一歩目のインパクトでアライビングプレーヤーを押しきる

ねらい

Menu **026** 4人一組のブレイクダウンドリル（3種類）

難易度	★★★★
時間	10分
回数	3本連続×3〜5セット
人数	4人

》主にねらう能力

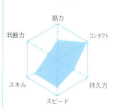

攻撃側2人対防御側2人のブレイクダウン練習。ランダムに出るコーチの指示に合わせて、サイドタックル（左右）と追いタックルという3つの状況で相手をオーバーする。

やり方

1. コーチの笛でスタート。笛が1回なら左、2回なら右、3回なら後ろ（追いタックル）というようにルールを決めておく。
2. 左右のパターンではボールキャリアーに防御側1人目がタックル、ジャッカルにくる2人目をサポートプレーヤーがリフトアップしてオーバーする。
3. 後ろのパターンのみ、攻守の方向が入れかわって追いタックルになる。攻撃側サポートプレーヤーはセキュリティに入り、防御側2人はオンサイドの位置まで戻ってディフェンスセット。攻撃側のサポートが遅く孤立した場合は、カウンターラックを仕掛けてもいい。

サイドタックル

⚠ ポイント　それぞれの役割を意識して行う

　タックル後のたたみ1畳分のブレイクダウンゾーンを意識した練習。防御側の2人目はアシストタックルではなく、引いて倒させてジャッカルをねらう。ボールキャリアーは倒されたあと、シュリンプ→ロングリリースを意識。攻撃側2人目がクイックヒッ　プダウン→リフトアップでオーバーする（1 2）。3（追いタックル）のパターンはタックラーがもっともノットロールアウェイの反則を取られやすい状況。ボールに関係なく、一目散に逃げるように接点から離れ、オンサイドの位置まで戻る。

Coach's Voice

» 「クイックヒップダウンからリフトアップ！　タックルも一緒！」

» 「タックラーはすぐロールアウェイ！」

» 「シュリンプとロングリリースを意識！」

» 「セカンドプレーヤーがしっかりジャッカルに入る！」

実戦的ドリル編①（〜10人）

相手タックラーを巻き込みながら前進し続ける

ねらい

Menu 027 タックラードライブ①

難易度 ★★★
時　間 5分
回　数 1人3〜5セット
人　数 4人

» 主にねらう能力

攻撃側3人、防御側1人。ボールキャリアーがタックルされたあと、サポートプレーヤーがタックラーにバインドして塊ごと押し込み、前進しながら素早くボールアウトする。

やり方

1. ボールキャリアーがタックラーにヒット。
2. 2人目のサポートプレーヤーがボールキャリアーではなくタックラーにバインドし、ドライブする。
3. そのまま塊ごと押し込み、倒れたら3人目がセキュリティに入る。
4. パターン①はタックルが下にきて前進しながら倒れ、素早くボールアウトするパターン。タックルが上にきてボールキャリアーが立っているケースでは、タックラードライブに加え3人目がボールキャリアーをドライブし、そのまま前進し続ける（パターン②）。

［タックラードライブとハンマーの違い］

タックラードライブ
タックラードライブではタックラーにバインドして押し込む

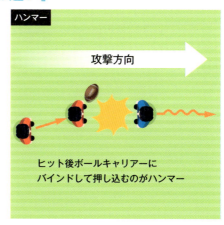

ハンマー
攻撃方向
ヒット後ボールキャリアーにバインドして押し込むのがハンマー

パターン①下にタックルされた場合

タックラーにバインドする

3人目がセキュリティに入る

> **!ポイント**
> ### ボールキャリアーに自由が生まれ
> ### ジャッカルされにくくなる効果も

タックルドライブならタックラーの動きを制限するため、ボールキャリアーの自由度が増してレッグドライブしやすくなる。必死でボールキャリアーに食らいつこうとするタックラーのバインドの力も利用して、ひと塊になって押し込むイメージだ。ヒット後、前進して相手側に食い込みながら倒れれば、相手アライビングプレーヤーはジャッカルにも入れなくなる。

パターン② 上にタックルされた場合

> **！ポイント** ハンマーはボールキャリアーの自由が制限される

　ボールキャリアーがタックラーにヒットしたあと、サポートプレーヤーがボールキャリアーにバインドして押し込むのが「ハンマー」。サポートプレーヤーが押し込むのは同じだが、ボールキャリアーの自由が制限されるため、レッグドライブがしづらくなるというデメリットがある。

>> 「キャリアーは前を向いたままレッグドライブ!」

>> 「タックラーにバインドして塊ごと押し込め!」

>> 「3人目はセキュリティを早く!」

実戦的ドリル編①（～10人）

接点でボールを動かしながらドライブする

Menu **028** タックラードライブ②

難易度	★★★★
時　間	10分
回　数	5回
人　数	9人

» 主にねらう能力

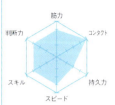

Menu027をより実戦的にしたメニュー。攻撃側は4人＋SH、防御側はコンタクトバッグを持ち1人－1人－2人と縦に並ぶ。ボールアウトからパスを回してヒット、タックラードライブで前に出ながら外側の選手がキャリアーに体を合わせてボールをもぎ取り、ズレながら前進していく。

やり方

1. SHのボールアウトからパスを回し、3人目がヒット。
2. 外側のプレーヤーがボールをカバーするようにサポートしながらドライブ。内側のサポートプレーヤーはタックラードライブする。
3. ボールをもぎ取った外側のプレーヤーがズレて前進し、次のディフェンダーにヒット。同様に外側サポート＆タックラードライブで前進する。
4. 3番目のディフェンダーまで連続する。

!ポイント 外側が早くサポートに入る

ボールキャリアーは相手にヒットする際、必ずボールを外側（ポイントから遠いサイド）に持つこと。そこへ外側のサポートプレーヤーが体を寄せて立ったままボールをカバーしながらもぎ取る。外側が早くサポートすることによって、接点でボールの動きを止めずに前進し続けることにつながる。

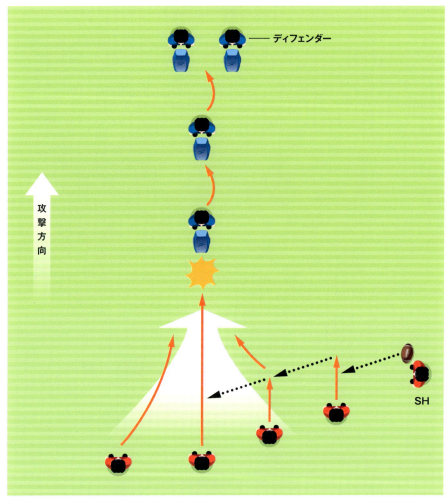

▲ヒット後は、素早く3人がひと塊になり、波が押し寄せるようにドライブする

» 「ヒットする前のラインスピードを意識!」

» 「ボールは必ず外側で持つ!」

» 「外の寄りを早く!」

» 「ビッグウェーブになって押し込め!」

実戦的ドリル編①（～10人）

3人で連携しながら3方向から くるディフェンスを突破する

ねらい

Menu 029 キックレシーブからの3対3

難易度	★★★★
時間	10分
回数	5回
人数	6人

» 主にねらう能力

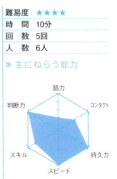

キックレシーブからのアタック練習。異なる方向から異なるタイミングで守りにくるディフェンダーに対し、タッチライン～15mラインの間の15m幅のスペースを使って突破する。

やり方

1. ディフェンス①がキックしてスタート。ディフェンス①はそのままチェイス。ディフェンス②は反対側のボールを回ってからチェイス。ディフェンス③はタッチラインサイドから10mラインを回って後方からチェイス。

2. アタックはキックレシーブから15m幅のスペースを3人で攻撃。

3. 3方向から追いかけてくるディフェンダーを突破してトライを取る。

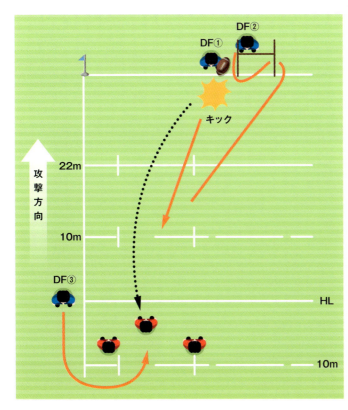

◀キックレシーブから崩れた状態のディフェンスを想定した練習。3方向からくるディフェンダーと接近するまでにタイムラグがあるため、3対1が連続するような状況。それを限られたスペースのなかで突破していく

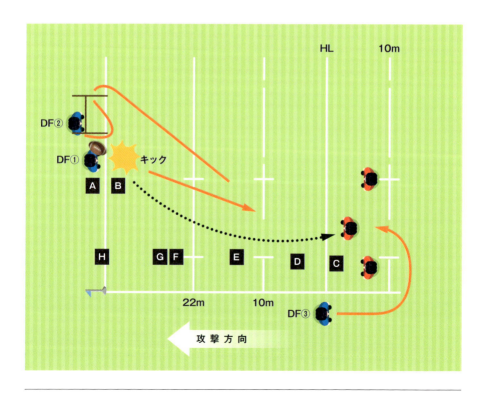

! ポイント　選手同士のコミュニケーションを図ろう

　攻守とも大切なのはコミュニケーション。アタック側はどこにサポートについているか、どこからディフェンダーがきていてどのタイミングでパスがほしいのかを伝え合って連携を図る。ディフェンス側は誰がどのアタッカーをマークするかを判断し、いかにしてギャップをつくらずスペースを埋めていくかをコミュニケートする。

Coach's Voice

≫「まずレシーバーがしっかり前に出る!」

≫「サポートは浅くならない!」

≫「後ろのディフェンダーも感じろ!」

≫「ディフェンスは自分が誰に行くのかを明確に!」

実戦的ドリル編①（〜10人）

状況を素早く認識し、最適なプレーを判断する

Menu 030 コール・アタックディフェンス

難易度	★★★★
時　間	10分
回　数	10回
人　数	10人程度

» 主にねらう能力

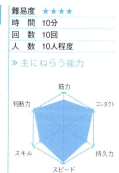

ハーフコート（35m幅）を使用。コーチのコールによってアタック、ディフェンスそれぞれの人数が毎回変わる。状況に応じてプレー選択を判断し、突破を図る。コートの幅を変えることでバリエーションをつけてもいい。

やり方

1. 一列に並んだ状態でコーチが防御側、攻撃側の順で人数をコール（例：「2、4！」＝防御側2人、攻撃側4人）。
2. 列に並んだ選手がコールの通りに攻撃側、防御側に分かれて素早くポジショニングし（誰が攻守どちらに入るかはその都度状況を見て判断する）、SHがボールアウト。
3. 数的に優位なのか、不利なのかをふまえて適切なプレーを判断し、突破する。

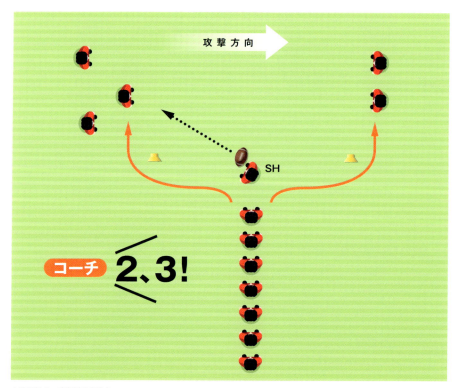

▲防御側2、攻撃側3の場合

ポイント
毎回人数が変わるため実戦に近い状況になる

アタックディフェンスの練習では通常、攻撃側と防御側の人数をあらかじめ決めて行うことが多い。しかし実戦ではプレーに参加する人数が毎回異なるし、状況も流動的だ。また、必ずしも数的優位な状況とは限らず、ときには不利な場面をなんとか打開しなければならないときもある。この練習では毎回人数が変わるため、より実際の試合に近い状況で行うことができる。

ポイント
状況に応じて攻め方・守り方を判断

攻守ともどちらがオーバーラップしているかを認識し、攻め方、守り方を判断しよう。たとえば「2、4！」（防御側2対攻撃側4）なら防御側はステイのディフェンスしかないが、「4、4！」ならオーバーラップはないので思いきり前に出ることが可能。逆に「4、2」など攻撃側が少ない場合なら、攻撃側は無理に突破を図るよりできるだけいい形でボールキープできるようにすべきだ。

[「2、4」の場合]

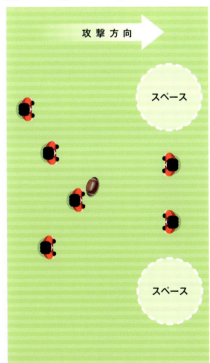

▲攻撃側はスペースを攻める。
防御側はステイしてスペースを埋める

[「4、2」の場合]

▲攻撃側はいい形でボールキープすることを優先。
防御側は思いきり前に出て圧力をかける

[「2、3」の場合]

❗ ポイント　パターンは工夫次第

　ここで紹介したのは人数を変えるパターンだが、コートの広さを変えることでも攻め方、守り方は変わってくる。狭いスペースを大人数で攻めることもあれば、広いスペースを少人数で守らなければならないことも。実際の試合では状況によって攻守の人数が違うことはよくあるので、人数・コート幅を変化させて状況に応じた攻め方や守り方を判断する力を身につけよう。

[「4、3」の場合]

Coach's Voice

» 「ポジショニングを早く!」

» 「相手の枚数を見てどんなプレーを選択するか考えよう」

» 「コミュニケーションをとって意思を共有する!」

実戦的ドリル編①（〜10人）

戻りのディフェンスを振りきってトライを取りきる

Menu **031** フルコートの4対3

難易度	★★★★★
時間	10分
回数	5回
人数	7人

》 主にねらう能力

Menu029をフルコートで行う発展練習。スキル、状況判断に加えフィットネスの要素も強くなる。

やり方

1. 攻撃側4人は自陣のゴールラインからスタート。ハーフウェーラインまでに必ずパスを1往復する。
2. 防御側は同じゴールラインの逆サイドの15m、5mライン地点から戻ってディフェンス。もう1人は対角線のタッチライン×敵陣22mライン地点からゴールラインのコーナーを回ってディフェンスする。
3. 3方向から迫るディフェンダーを突破してトライを取る。

! ポイント
数的優位で振りきる

Menu029の発展形。攻撃側4人、防御側は3人がそれぞれ異なる地点からスタート。縦はフルコート、横はタッチライン〜15mラインまでの15m幅を使用。カバーに戻ってくるディフェンスに対し数的優位を生かしてトライを取りきる。フィットネスも兼ねた実戦練習。

! ポイント
タイムラグをうまく使おう

タイムラグのあるディフェンスをいかにして突破していくかがこの練習のポイント。1枚を突破したあとの判断とコミュニケーションが大事になる。攻撃側がパスを1往復つなぐ間に若干スピードダウンするので、防御側はその時間に全速力で追いかけてポジショニングする。ディフェンダーの1人目は攻撃側のボールキャリアーに徹底してプレッシャーをかける。飛び出しと「キャリアー」のコールを意識。

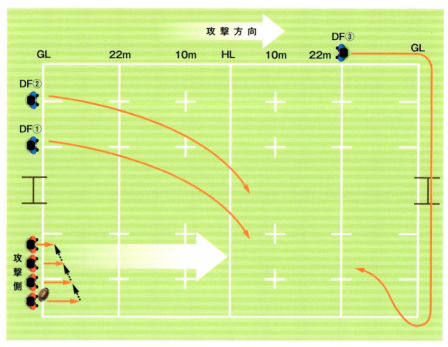

▲攻撃側はハーフウェーラインまでにパスを1往復する

Coach's Voice

≫「攻撃側はどこからディフェンダーがきているかを察知する!」

≫「スピードで戻りのディフェンスを振りきれ!」

≫「サポートは浅くなりすぎない!」

≫「ディフェンスはカバーを早く!」

実戦的ドリル編①（〜10人）

速い仕掛けでディフェンダーを置き去りにしながら突破を図る

Menu 032 L字アタック

難易度	★★★★
時間	10分
回数	5〜10回
人数	7人

» 主にねらう能力

攻撃側4人プラスSH、防御側2人。2方向に分かれてディフェンスする防御側に対し、攻撃側はいち早くマーカーを回ってアタックを仕掛け、突破する。

やり方

1. コーチの笛でスタート。防御側は1人（防御1）が横のマーカー、もう1人（防御2）が縦のマーカーを回ってディフェンスする。
2. 攻撃側は素早く縦のマーカーを回りながらラインメイクし、SHのパスを受け攻撃開始。
3. 2方向からくるディフェンダーに対し、パスをつないで突破を図る。

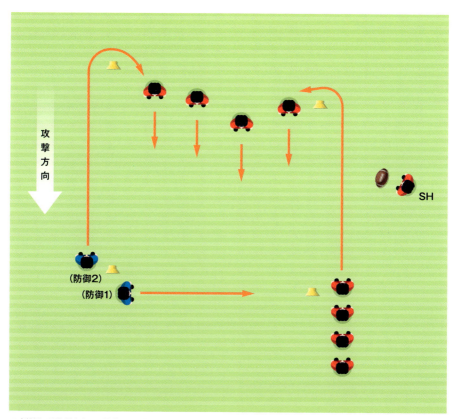

▲攻撃側、防御側ともに、早くセットすることが大切

ポイント 早く仕掛けて防御側の先を行く

攻撃側は一番早くマーカーを回る選手が外に広がり、ラインメイクしながらできる限り早く仕掛けることを意識する。「防御2」に追いかけさせるほどのタイミングが理想。そのためにSHはできる限り早くパスをフラットに放るようにする。クイックに仕掛けながらも、2方向からくるディフェンダーに対しどこにスペースがあるかを見つけ、的確に攻められるようにしていく。攻撃側が回るマーカーの位置を変えることで難度が変わる（近くすれば攻撃有利、遠くすれば防御有利になる）。

Coach's Voice

≫「ポジショニングを早く！」

≫「ラインスピードを上げろ！」

≫「縦のディフェンスに追いかけさせるイメージで！」

≫「ディフェンスは絶対に内側を抜かれるな！」

実戦的ドリル編①（〜10人）

ハンドリングスキルと集中力、チームワークを養う

難易度	★★★
時　間	5〜10分
回　数	目標回数を決めて行う
人　数	10人

》主にねらう能力

Menu 033 ボール回しゲーム

レクリエーションとコーディネーションの要素を取り入れたハンドリングドリル。全員で呼吸を合わせ、ミスなく回数を伸ばすことを目指す。

やり方

1. 全員が1球ずつボールを持って輪をつくる。
2. リーダーの合図でスタート。ルールに沿って全員が回数をコールしながら同時に、同じ方向にパスを回す。
3. ルールは①まず右回りに1回、次に②左回りに2回、さらに③右回り3回、④左回りに4回……というように、方向転換するごとに1回ずつパスの回数が増えていく。5分間以内に15回まで成功させるなど、時間内に目標回数を決めて行う。

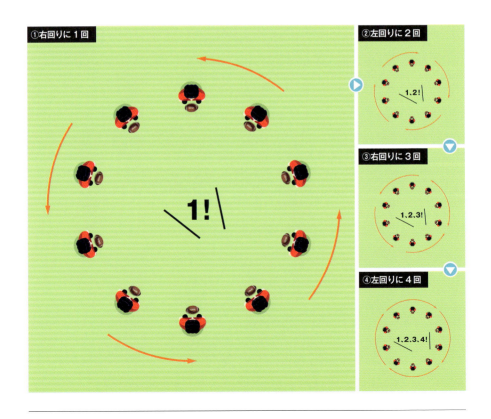

ポイント プレッシャーのなかで全員の呼吸を合わせる

回数が伸びるにつれてプレッシャーが高まり、混乱してくるなかで、いかに集中力を維持して全員の呼吸を合わせられるかがポイント。失敗が起こったとき、なにが問題でどうすれば解決できるかを瞬時に話し合う能力も求められる。ある程度できるようになったら、パスのテンポを早くしたり、外からコーチが無関係な質問を話しかけたりするなど、混乱要素を増やして難度を上げる。

会話しながら行うと難度アップ

Coach's Voice

» 「コーリング！（回数を）知らせて、意思を統一する！」

» 「もっとパススピードを早く！」

» 「どうすればうまくいくかを自分たちで考えて！」

COLUMN

ヒガシの「こだわり」②
【戦い方のこだわり】
＝スペースを生かす

　東福岡が強いコンタクトを重視するのは、理想とする戦い方を追い求めるなかで必要不可欠な要素だからです。攻撃的でボールが大きく動く、見ていてワクワクするようなラグビーを実現するためにもっとも必要なのが、コンタクトであるといえます。

　もちろんモール攻撃を否定するわけではありません。私自身FW出身ですから、できればモールで押し込みたいという気持ちもあります。リスクが少なく、もれなくペナルティまでついてくるモールは、非常に有効な攻撃手段です。しかしそれも、あくまで横のスペースを生かすための手段であるべきだと思います。

　とりわけ高校生はタックルレンジが狭いので、大学生や社会人に比べて横のスペースが大きくなります。モールを組むことに固執して70mの横幅を放棄するような戦い方はしたくありません。

　2番目3番目のサポートプレーヤーの位置も大切にしています。ボールキャリアーが強いコンタクトをしても、サポートが戻りながら入ると、どうしても弱い入り方しかできません。横にパスをつなぐ平面の展開からコンタクトが起きて立体（縦方向）の展開に変化したときに、一体となって狭い通路を通り押し込む。イメージとしては、広い川幅が急に狭くなって流れが集中し、激流となってたたみかけるような感覚です。

　体重100kgの巨漢相手に真正面からドーンとぶつかっていくのではなく、ドアを半開きにしておいて、強いコンタクトでそこを突きたい。そのためには、横の動きを組み合わせることが大切になります。

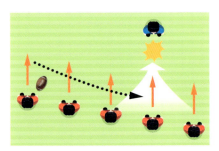

▲平面（横方向）の展開からコンタクトが起きて立体（縦方向）の展開に変化した瞬間、川幅が狭くなって激流になるイメージでサポートに入る

第4章
実戦的ドリル編②（10人～）

ここではより多くの人数で行うメニューを紹介する。
人数が多い分、仲間との呼吸やコンビネーションがより重要になる。
常に状況を見て、的確にプレーを判断することも大切だ。

実戦的ドリル編②（10人～）

防御が崩れた4対2の絶対有利な状況でトライを取りきる

ねらい

Menu **034** 連続4対2

難易度	★★★★
時間	10分
回数	5～10回
人数	18人

» 主にねらう能力

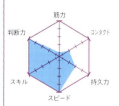

15m四方のコートを使用。防御側2人はコートの中に入り、4方向から次々と攻めてくる攻撃を守る。攻撃側は相手防御が乱れた4対2の状況を確実に抜ききる。

やり方

1. 攻撃側は各辺に4人、ボール1球ずつ、計16人がセット。
2. コーチに番号をコールされたチームがアタック。対辺に向かって4対2を突破する。
3. 続けてランダムにコーチが番号をコールし、アタックを連続する。アタックした選手はいち早く元の位置に戻って次の攻撃に備える。
4. 攻撃側は飛ばしパス、ノーパスは禁止。必ず1回はパスをすること。つかまってもオフロードパスなどでつないで必ずトライを取りきる。

！ポイント

攻撃側は必ずトライを取る　防御側は不利な状況でも守りきる

　ラグビーにおける攻撃のひとつの理想は、4対2の状況をつくってそれを確実にトライに結び付けること。なおかつこの練習では相手防御が面でセットしきれていない絶対的優位なシチュエーションだけに、必ずトライを取りきれるようにしたい。攻撃方向が変わると、相手ディフェンスの陣形も平面から立体に変わる。状況に応じて的確な攻め方をできるよう、味方同士でコミュニケーションをとって攻めることが大切だ。防御側も素早く戻って切りかえることを意識する。攻撃側の番号を適宜入れかえるなどして条件を変化させ、難易度にアクセントをつけてもいい。

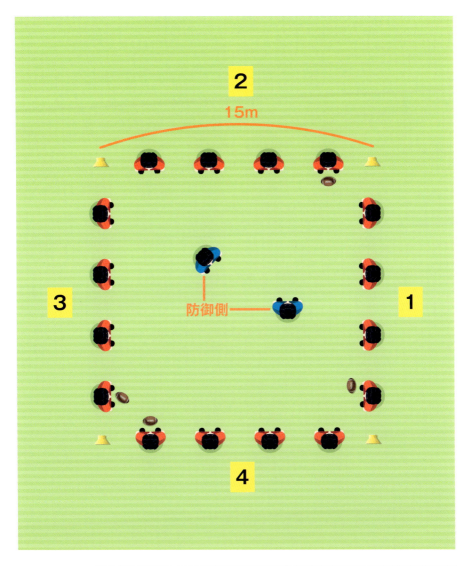

守備が平面から立体になる

これを4方向から行う（写真は1すべてと2のはじめのみ）

⚠️ ポイント　平面が立体になった状況を攻略する

　防御側の2人が平面で守っているときは、ボールの動きに合わせてスライドしながら守ることができる。しかし攻撃方向が90度回転した直後は、2人が縦に並ぶ立体の状況になる。このときが攻撃側にとっては大チャンス。大きなスペースを生かして確実にトライを取りきりたい。

! ポイント それぞれの動き方

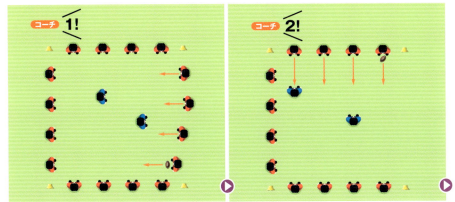

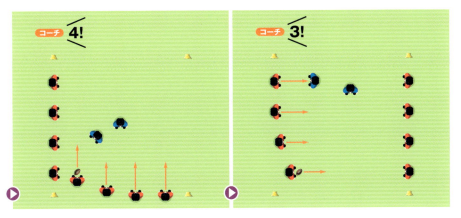

Coach's Voice

» 「アタックは浅くならない！　タメて出る！」

» 「防御の陣形をよく見て攻め方を判断！」

» 「絶対どこかに穴がある！　そこを見つけてラインスピードで切っていく！」

» 「終わったら早く戻ってポジショニング！」

» 「自分の番号を常に意識しよう！」

» 「裏に抜けたら外のサポートプレーヤーへパス！」

実戦的ドリル編②（10人〜）

ディフェンスの穴を見極め、的確にボールを運んで攻める

ねらい

Menu 035 ウォッチ＆アタック①

難易度	★★★★
時　間	10分
回　数	3本連続×2〜3セット
人　数	11人

» 主にねらう能力

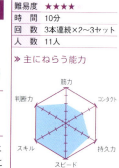

攻撃側5人＋SH、防御側5人。幅22mほどのコートを使用。5枚のディフェンスのどこかにコーチの指示で意図的に穴をつくり、攻撃側はそこへ的確にボールを動かして突破を図る。

やり方

1. セットの状態から攻撃側の背後でコーチが手で数字を示し、ボールアウトと同時に防御側の対応する番号の選手は後方のマーカーまで下がる（2人下がる場合は若い番号が手前、大きい番号が奥のマーカー）。その他のディフェンダーは前のマーカーまで前に出る。

2. 攻撃側は後方に下がったディフェンダーのスペースにボールを運んで突破を図る。前に出たディフェンダーは横方向の防御だけで、後ろには帰らない。

3. 一線防御を突破後、後方に下がったディフェンダーを連続で抜く。

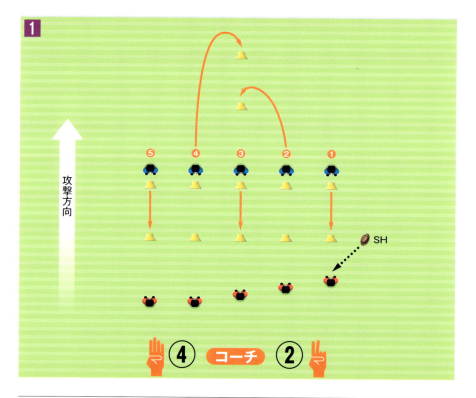

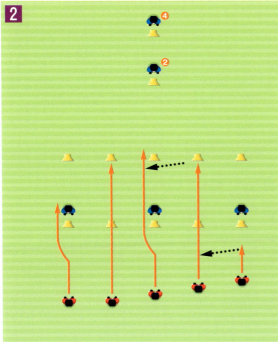

> ⚠️ **ポイント**
>
> ## 攻撃側はコールで穴を知らせる防御側は早く戻って突破させない
>
> 攻撃側はまず自分の前が空いた選手がコールで周囲に知らせる。いち早く穴（＝空間）にボールを動かし、一線防御を突破した後は必ず裏で外にパスをつなぐこと。抜けたあとの外側の選手の上がりが重要になる。防御側はいち早く戻ってポジショニングし、簡単に突破させない。

◀攻撃側は❷の選手が抜けることでできた穴をねらっていく。防御側❷❹はコーンまでいち早く戻ってポジショニングする

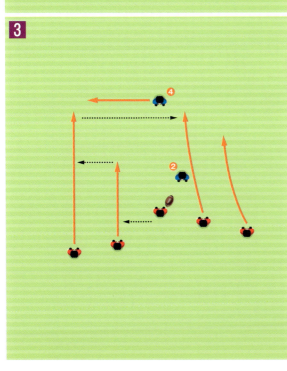

◀一線防御突破後、❷が攻撃側を阻もうとする局面。攻撃側は数的有利な状況なので、フリーの選手へ素早くパスをつないで抜ききる

空いているところをコール

真っすぐ走り込む

Coach's Voice

» 「空いているところをコール!」

» 「ラインスピードを上げよう!」

» 「ストレートラン! 流れずに真っすぐ空いてるスペースへ走り込め!」

» 「抜けたあとに外の選手が押し上げろ!」

実戦的ドリル編②（10人～）

深さを保ちつつ前に出てたたみかける

Menu **036** ウォッチ&アタック②

難易度	★★★★
時　間	10分
回　数	3本連続×2～3セット
人　数	11人

» 主にねらう能力

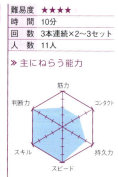

Menu035の発展形。防御側が攻撃側と同じサイドからダウン&アップでスタート。コーチのコールで同様に一線防御に穴をつくり、攻撃側がそれを突破する。

やり方

1. 防御側の5人がダウン&アップからマーカーまで戻ってディフェンス。コーチがコールした番号の選手はさらに後方のマーカーまで戻る。
2. SHがボールアウトして攻撃スタート。防御の穴にボールを運んで突破する。
3. 一線防御を突破したあとはさらに裏でボールをつなぎ、残り2人のディフェンダーを続けて抜く。

▼ Menu035と違うのは、コーチが番号をコールすること

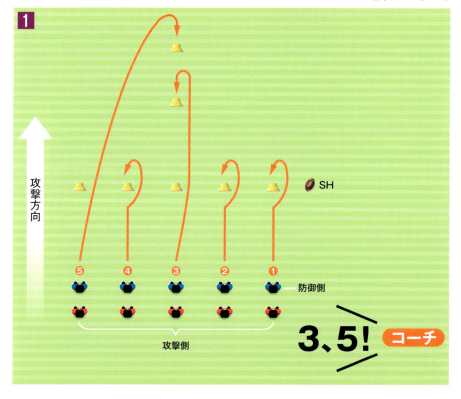

ポイント ディフェンスを突破できない要因は認識を共有できていないか、サポートプレーヤーが浅い

前をしっかり見て、空いているポイントをコールすることが大事なのはMenu035と同じ。この練習では防御側が下がりながらのディフェンスになるので、より前に出てたたみかける意識が重要になる。オーバーラップができているので、スペースにボールを動かせば必ず突破できる状況。それにもかかわらず突破できないのは、空いたスペースの認識を共有できていないか、ラインが流れているか、サポートプレーヤーが浅くなっているからだ。外側の選手がコールで知らせ、真横ではなくパスをもらえる深さから真っすぐ縦に走り込むことを意識する。防御側が自分の役割を認識することも大切。

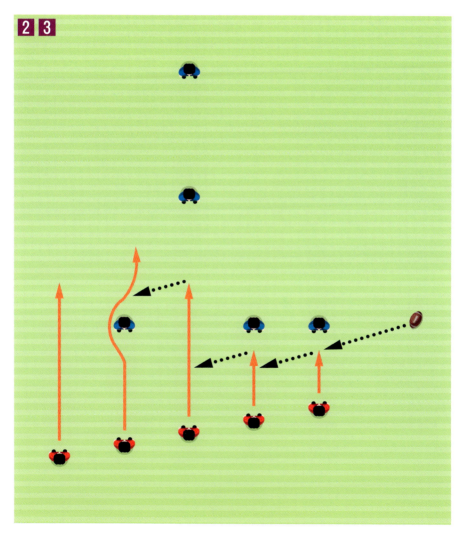

Coach's Voice

≫ 「まずしっかり前を見て知らせる!」

≫ 「外側のコールが大事だよ!」

≫ 「サポートプレーヤーが浅くならない!」

≫ 「ディフェンスは早く戻って前を見る!」

実戦的ドリル編②（10人〜）

素早いポジショニングから数的優位を生かして取りきる

Menu 037 4対4＋FBのアタックディフェンス

難易度	★★★★★
時間	10分
回数	3本連続×2〜3セット
人数	12人

» 主にねらう能力

22m〜22m間の幅60mを使用。ハーフウェーを挟んで左右に2人ずつ、攻撃側の後方にFBが立つ。コーチが左右どちらかにボールを転がしてスタート。ボールが転がったサイドに攻守とも移動し、FBをライン参加させながら突破する。

やり方

1. コーチが左右にボールを転がし、ブレイクダウン役の前2人がセービングでラックをつくる。
2. 攻撃側、防御側ともボールが転がったサイドに移動してラインメイク。SHがボールアウト。
3. 22mラインまでのスペースを使って5対4の状況を突破する。防御側はブレイクダウンのブラインドサイドにも1人立つようにして、5対3＋カバーディフェンス1の形にしてもいい。

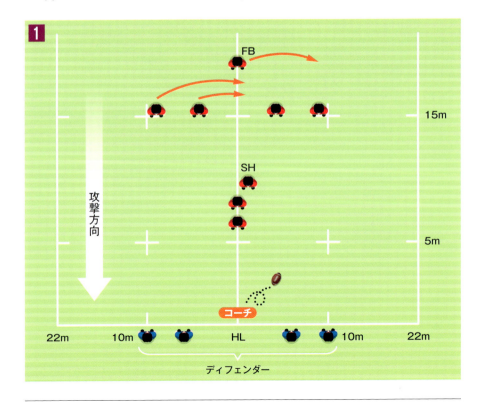

⚠ ポイント 数的優位を生かして突破

攻撃側、防御側どちらもいち早く移動してポジショニングすることが大前提。攻撃側はその上でスペースを潰さないようストレートランし、数的優位を生かして突破する。ポジショニングから前に出る際のラインスピードを上げることも重要だ。

練習は「回数」ではなく「時間」で区切る

東福岡では練習を回数ではなく時間で区切ることが多い。ひとつの目安にしているのは「25秒」。プレーが始まってからトライを取るまでの時間で、もっとも理想的な形で流れるのが25秒前後だからだ。普段の練習からその時間を意識させることで、そのテンポで攻めることを浸透させている。

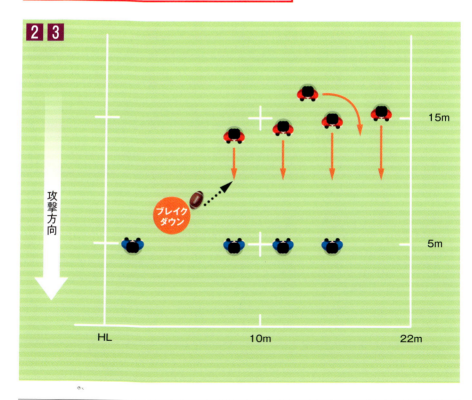

❗ ポイント チャンスはすかさずしとめる

ラックができた直後にオーバーラップができていても、そこから仕掛けるタイミングが遅くなれば相手は陣形を整えることができる。「チャンスは一瞬」ということを認識して、すかさず攻めてしとめきれるようになろう。

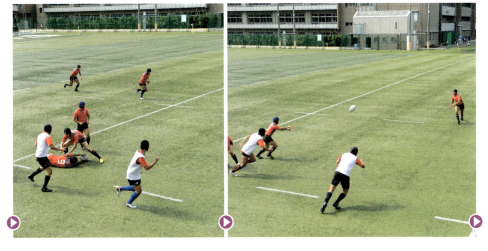

» 「攻守ともポジショニングを早く!」

» 「前へ仕掛ける意識!」

» 「浅くならない! ストレートランでスペースを生かせ!」

» 「ディフェンスは内側から順にしっかり抑える!」

実戦的ドリル編②（10人〜）

状況を判断して素早く
ディフェンスをセットする

ねらい

Menu 038 戻りのディフェンス（9対9）

難易度	★★★★★
時　間	10分
回　数	3本連続×2〜3セット
人　数	18人

» 主にねらう能力

ボールキャリアーが10mライン上を左右ランダムに移動し、コーチの笛でタックル。ブレイクダウンのオフサイドラインまでディフェンダーが戻ってセット、攻撃側の突破を守りきる。

やり方

1. ボールキャリアー＋サポート1人（攻撃側）とタックラー（防御側）が10mライン上をハーフスピードで左右ランダムに移動。コーチの笛でタックル→ブレイクダウンを作る。

2. 22mライン上でダウンしていた防御側（8人）は素早くオフサイドラインまで戻ってディフェンスラインを形成。

3. 22mライン後方の攻撃側（6人）はダウン＆アップ後スタート。ボールアウトから左右にボールを動かして突破を図るところを、防御側が守る。

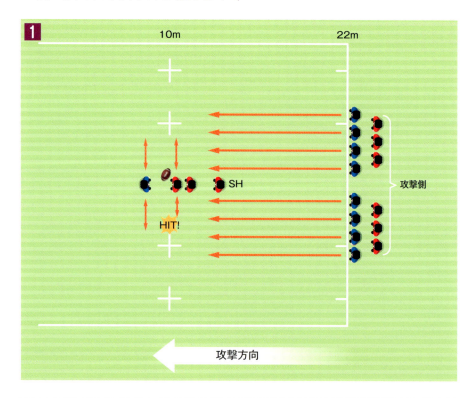

▼ブレイクダウンが真ん中でできた場合　　▼サイドでできた場合

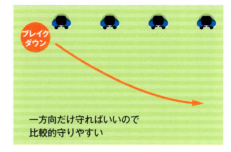

両サイドを守らなければ
ならないため、難しい状況

一方向だけ守ればいいので
比較的守りやすい

ポイント ブレイクダウンができた位置でポジショニングが変わる

　練習のターゲットはディフェンスのポジショニング。ブレイクダウンが両サイドでできた場合は一方向だけを守ればいいので比較的守りやすいが、真ん中でできた場合は両サイドに分かれなければならないため、難しい状況になる。前を見て、攻撃側の人数からディフェンダーの立ち位置を判断することが重要だ。なお、攻撃側を早く出させたければダウン＆アップを抜いてすぐに攻めさせてもいいし、ディフェンスが戻る時間をつくりたければ攻撃側になにかエクササイズを入れてもいい。レベルやねらいに応じて攻撃側と防御側のスタートのタイムラグを決める。

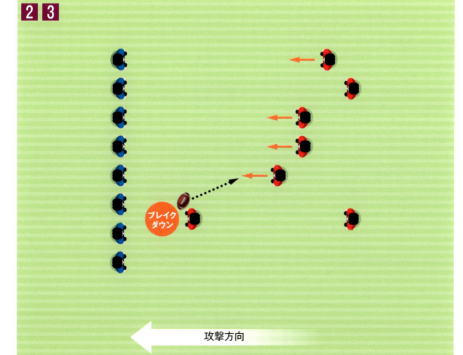

> 「ディフェンスはオフサイドラインまで早く戻れ!」

> 「ワンウェイ(一方向の攻撃)か、セパレート(両サイドの攻撃)かを判断!」

タックルと同時に
防御側がスタート

 **Coach's Voice**

≫ 「どちらに何人立ってるかをよく見て立ち位置を考える!」

≫ 「振り戻しのアタックまで集中して守りきれ!」

実戦的ドリル編②（10人～）

異なる人数、異なるスペースを連続して攻略する

ねらい

難易度	★★★★★
時　間	10分
回　数	3本連続×2～3セット
人　数	17人

≫ 主にねらう能力

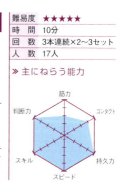

Menu **039** 3対2→4対2→10対6

3つの局面を連続して行うアタックディフェンス。スペースと人数をふまえて攻め方を判断し、連続攻撃で相手防御を突破する。

やり方

1. 最初の局面はタッチライン～5mラインまでの5m幅での3対2。コーチの笛でボールアウト。
2. 次の局面では5mライン～15mラインまでの10m幅で4対2。最初の局面に参加した選手も立って移動しジョイントしていい。コーチの笛でボールアウト。
3. 3つ目の局面ではさらにその外に位置していた攻撃側3人、防御側2人に前2つの局面に参加した攻撃側7人、防御側4人がジョイントし、ハーフコートで10人（＋SH）対6人のアタックディフェンスになる。

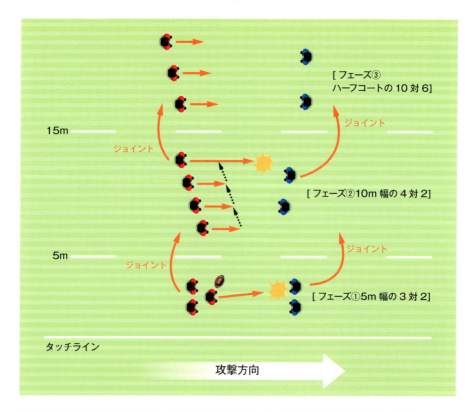

!ポイント スペースと人数によって攻め方、守り方が変わる

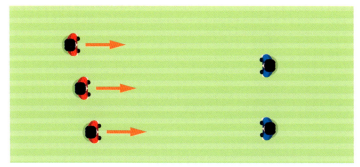

◀5m幅での3対2はヒット＆ドライブでブレイクダウン

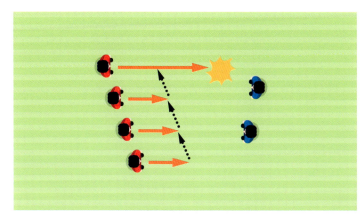

◀10m幅の4対2は穴にボールを運んで前進

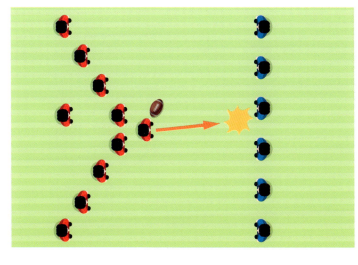

◀最後の局面の10対6では外展開→振り戻しでオーバーラップをつくることを目指す。攻撃側は横に人が並ぶ平面ではなく、常に前と後ろにポジショニングして立体で攻めることを意識

攻撃方向

 **Coach's Voice**

≫ 「スペースと人数を考えて攻めろ!」

≫ 「1回で終わらない! すぐ次のプレーに移動!」

 Coach's Voice

≫ 「サポートは平面じゃなく立体で!」

≫ 「振り戻しはストレートランでスペースを生かしきる!」

実戦的ドリル編②（10人〜）

数的優位を生かして3次攻撃以内に取りきる

Menu 040 オーバーラップゲーム

難易度	★★★★★
時　間	90〜120秒
回　数	3セット
人　数	20人

» 主にねらう能力

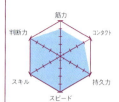

フルコートを使用。9対5、12対7など攻撃側が完全にオーバーラップした状況でのアタックディフェンス。3フェーズ以内にトライかビッグゲインを取りきる。3次以内で取りきれなかったり、ブレイクダウンに4人（ボールキャリアープラスオーバー2人、セキュリティ）が入っていなかったりした場合はターンオーバーとなり、攻守が逆転する。

やり方

1. スタートの合図がかかるまでハーフスピードで攻撃側が左右にボールを回す。防御側はフェイスだけでタックルなし。
2. コーチの笛でスタート。数的優位を生かして3次攻撃以内にトライを取りに行く。
3. 3次以内で取れなかったり、エラーが起こったり、ブレイクダウンに人数が入っていなかったりした場合はターンオーバー（コーチがコールする）。数的不利だった防御側に、待機していた選手が加わり、イーブンの人数で攻守逆転してアタックディフェンスをする。

ポイント　混沌状態のなかでの判断力を磨く

4人程度攻撃側を多くするなど明らかなオーバーラップ状況にして、常にスペースにボールを運ぶことを徹底させる。15対11など人数を多くして行えば、そのぶんコンタクトが起こりやすくなり難度も上がる。コーチが意図的にターンオーバーを入れて待機選手を防御側に加えたり減らしたりすることで、アンストラクチャー状態が連続する状況をつくり出せる。攻守とも混沌とした状況のなかで陣形を見て、判断できるようにしていくことがこの練習のポイント。また、ブレイクダウンに入る数は攻撃人数に合わせて調整。たとえば攻撃側が15人なら4人（ボールキャリアー＋3人）がマスト。

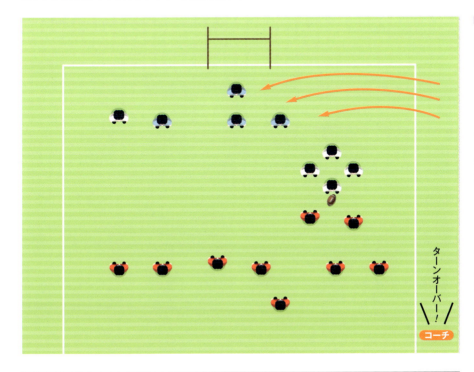

スタート

ハーフスピードで左右にパス回し

攻撃方向

ターンオーバー

Coach's Voice

» 「ターンオーバーの切りかえを早く」

» 「スペースにボールを運ぶ!」

» 「圧倒的に優位な状況だよ!必ず3フェーズ以内に取りきれ!」

» 「ブレイクダウンは必ず4人入る!」

実戦的ドリル編②（10人〜）

次々と変化する状況に対応して攻撃し、防御する

ねらい

Menu 041 アンストラクチャーゲーム

難易度	★★★★★
時間	90〜120秒
回数	3セット
人数	20〜30人

» 主にねらう能力

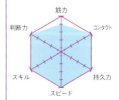

人数は10対10〜15対15程度でフルコートを使用。グラウンドの使い方は①ノーマル（通常）、②ワイド（攻撃方向を90度回転してタッチライン方向に攻める）、③ショート（ゴールライン〜10mライン間の40m幅でタッチライン方向に攻める）という3パターン。コーチのコールで攻撃方向やコートの幅、攻撃側と防御側が次々と変化するなか、状況に対応しながらアタックディフェンスする。コーチは常にボールを1球持っておき、適宜「ターンオーバー！」のコールとともにボールを防御側に投げ入れて攻守逆転させるなど、変化をつける。

やり方

1. ノーマルで攻撃側がアタック。
2. コーチが「ワイド！」とコールしたら、攻撃方向を90度回転させて100mの横幅を使ってタッチライン方向に攻める。
3. 「ショート！」とコールしたら、ゴールライン〜10mライン間の40m幅のなかでタッチライン方向に攻める。
4. この3種類をランダムに入れかえ、さらにコーチがボールを防御側に投げ入れてターンオーバー状況をつくるなど、常に変化する状況のなかでプレーし続ける。

1 ノーマル

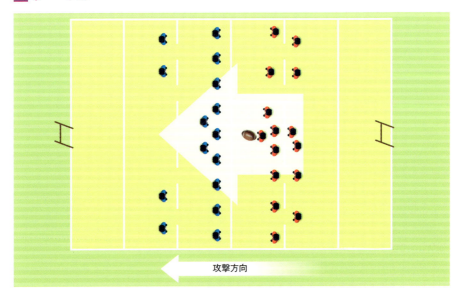

攻撃方向

2 ワイド

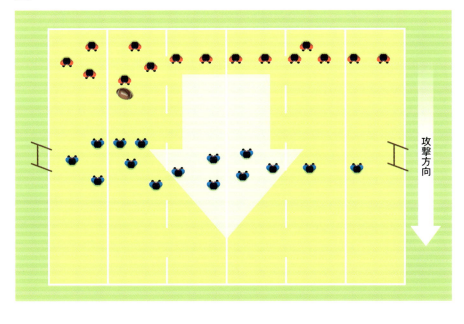

3 ショート

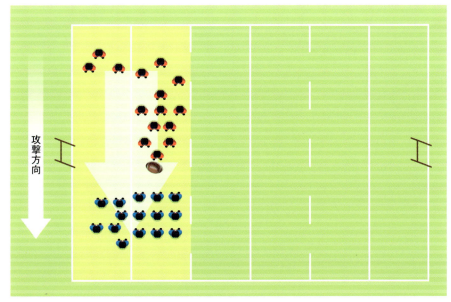

攻撃方向はノーマル、ワイド、ショートでそれぞれどちらのチームがどの方向に攻めるかをあらかじめ決めておくといい

1 ノーマル

攻撃方向

攻撃方向

3 ショート

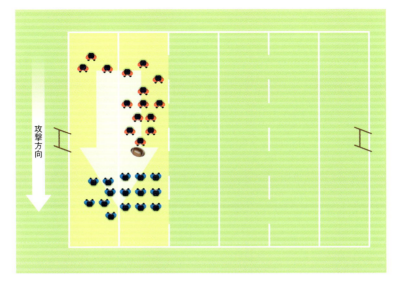

2 ワイド

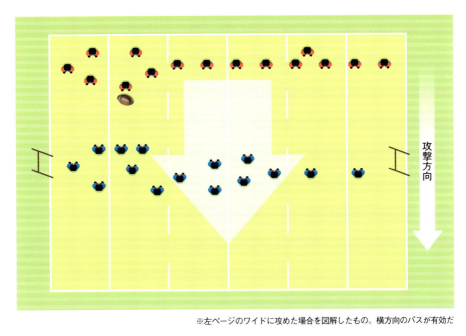

※左ページのワイドに攻めた場合を図解したもの。横方向のパスが有効だ

ポイント アンストラクチャー状況をくり返す
コート幅と攻める方向が変わるので注意

ラグビーでもっとも難しいのは、ポジションが入れかわったり陣形が整っていなかったりといった混沌とした（アンストラクチャー）状況に対応すること。そしてこの練習のメリットは、「コーチがねらい通りにアンストラクチャー状況をつくれる」ということだ。それによって攻撃側も防御側も不測の事態に対応してプレーする状況判断力を養うことができる。ノーマル（ゴールライン方向）とワイド、ショート（タッチライン方向）ではコートの幅が違うので、ワイドでは横方向のロングパスが有効になるし、ショートでは必然的にコンタクトが増える。また攻撃方向が90度回転すると攻守とも立体（縦）の状態から平面（横）に移行しなければならなくなるため、素早いトランジションが求められる。一番意識しなければならないのはポジショニングと切りかえ。次々と入れかわる状況を素早く把握し、適切に対応できるようにしていく。

» 「ポジショニングと切りかえを早く!」

» 「グラウンドの幅を考えて攻めよう!」

» 「立体から平面の変化を意識!」

» 「ターンオーバーが起こったときの反応!」

実戦的ドリル編②（10人〜）

連続タックルからこぼれ球に素早く反応し攻撃態勢に移る

ねらい

Menu 042 ターンオーバーからのアタック（前編）

難易度	★★★★★
時　間	10分
回　数	5回
人　数	15人

» 主にねらう能力

連続ディフェンスからボールをターンオーバーした瞬間にアタック陣形に移行し、ワイドに振ってスペースを攻める練習。ここではまず一連の流れのなかで前半部分を切り取り、連続タックル→こぼれ球の確保からボールアウトまでを解説する。

やり方

1. ゾーンAではタックラー4人対コンタクトバッグを持った台4人が対峙。ランダムに1人ずつ台が前に出てタックルをくり返す。
2. ゾーンBでは4人が2〜3mの距離をジョグで往復し続ける。
3. 強いタックルでボールが落ちた瞬間、「ターンオーバー！」のコールとともにゾーンAの他の3人が反応してこぼれ球を確保し、タックラーが素早く立ってSH役に。
4. ゾーンBの4人はターンオーバー後、瞬時にアタックラインを引き、そこへボールアウト。台の4人とその後方に待機していた3人が守備側となってディフェンスに回る。

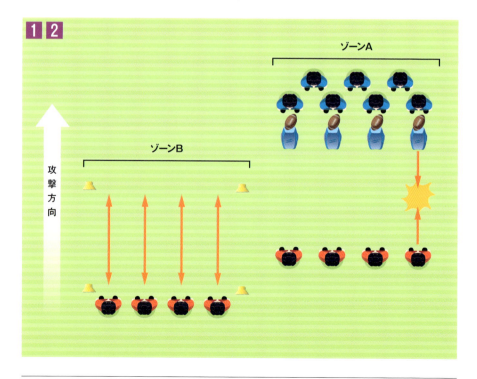

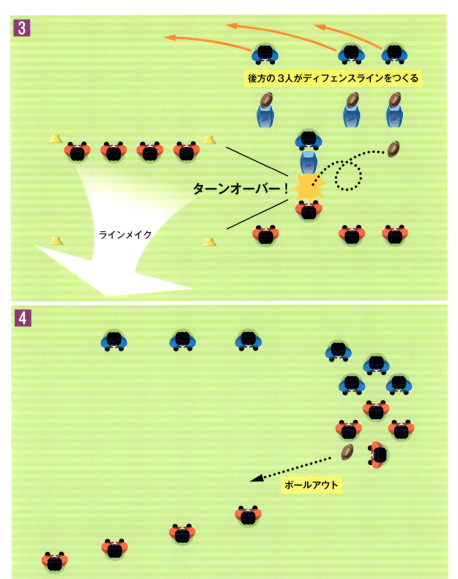

⚠ ポイント ターンオーバー直後のチャンスを生かす

　ターンオーバー直後は相手のディフェンス陣形が整っておらず、素早くスペースにボールを運べば大きくゲインできるビッグチャンスだ。強いヒットから瞬時に反応してこぼれ球を確保するとともに、いつ起こるかわからないターンオーバーが起こった瞬間、相手のいないワイドなスペースを攻めるという意識を全員で共有できるようにしていく。また相手がディフェンス陣形を整える前にいち早く攻めるため、たとえFWであってもSH役になってクイックにボールアウトできるようになることも大切だ。

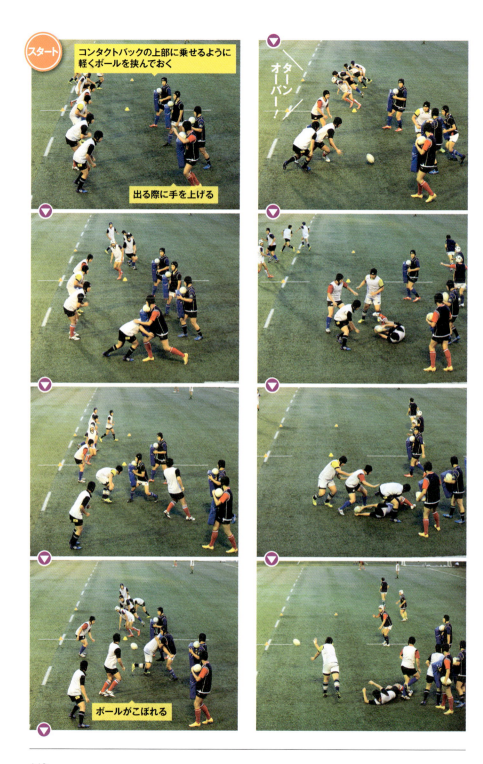

なぜ必要？

なぜターンオーバー直後はワイドに攻めるのか

▲攻撃に備えて相手BKが下がっているため、外に行くほど大きなスペースがある

ターンオーバーした瞬間はそれまで相手が攻撃をしており、相手BKは深いアタックラインを引いている。つまり外に行けば行くほど相手が下がっており、そこにスペースがあるわけだ。また、あわててディフェンス陣形に移行しようとするため、ギャップも生まれやすい。こうしたことから、ターンオーバー直後はワイドを攻めるのが一般的なセオリーになる。ただし、ボールアウトに時間がかかると相手もディフェンスラインを整えられるため、いち早くスペースにボールを動かすことが重要だ。

ポイント ターンオーバー状況を実戦に近づける

試合中、いつターンオーバーが発生するかは予測できない。一方でいいタックルで相手を押し込んだときはターンオーバーを奪いやすくなる。その両方の要素を取り入れるために考えたのが、ボールをコンタクトバッグの上に乗せること。こうした工夫で練習の質を高めている。

Coach's Voice

» 「タックルはリフトアップで激しく！」

» 「こぼれた瞬間の反応とターンオーバーの声！」

» 「ポジションに関係なくボールアウトしろ！」

» 「攻守の切りかえを早く！ その意識が大事！」

» 「なるべくブレイクダウンをつくらない！ ターンパスなどで、早く外のスペースへボールを運ぼう！」

実戦的ドリル編②（10人〜）

いち早く大外のスペースへ。
ゲインから振り戻して取りきる

Menu **043** ターンオーバーからのアタック（後編）

難易度	★★★★★
時　間	10分
回　数	5回
人　数	15人

≫ 主にねらう能力

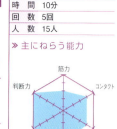

後編はターンオーバー→クイックボールアウトからワイドに振ったあとの局面。ビッグゲインしたあと、前編でタックラーだった選手が逆目にラインメイクし、振り戻してトライを取りきるところまで行う。

やり方

1. ボールアウト後、ゾーンBの4人がオープンスペースをアタック。
2. ゲインしたあと、サポートプレーヤーが寄ってボールアウト。
3. 逆目に引いたラインでさらに大外まで振り戻してトライを取りきる。

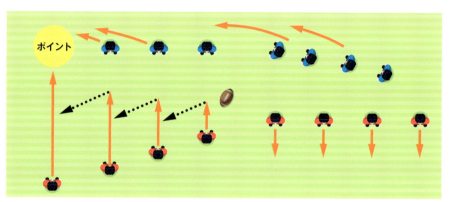

▲外でビッグゲインするとそこへ相手防御が引きよせられるため…

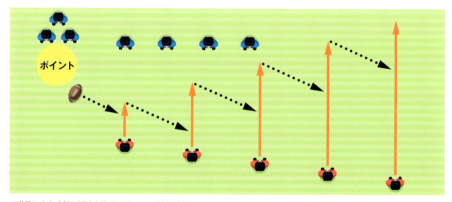

▲逆目に大きく振り戻すとさらにチャンスが広がる

ポイント 外のスペースを活用することでチャンスが広がる

ゾーンBの4人は下がりながらのラインメイク。前に出るよりも、いち早く外のスペースにボールを運ぶことを意識する。またビッグゲインしたあとは相手が戻りながらのディフェンスになるため、次のフェーズで外のディフェンスラインにギャップが生まれやすく、戻りきれずにオフサイドしてしまう反則ももらいやすい。ビッグゲインから逆目の大外に振り戻すとよりチャンスが広がることを意識づける。

前に出るより外へボールを運ぶことを意識

次ページへつづく →

サポートが寄って素早くコミット

逆目の大外に振り戻してしとめる

Coach's Voice

≫ 「ターンオーバー直後のチャンスだよ！　迫力を持って攻めろ！」

≫ 「大外に振ったらサポートが早く寄る！　孤立させない！」

≫ 「ビッグゲインの後は外がチャンス！　大きく振り戻せ！」

第5章
ポジショナルスキル編

ラグビーには多くのポジションがあり、それぞれに専門スキルが求められる。ここではFW、BKそれぞれがよく行う東福岡流のドリルを紹介する。

ポジショナルスキル編

空中での姿勢と
ハンドリングを向上させる
ねらい

Menu 044 ラインアウトキャッチボール

難易度	★★★★★
時間	5分
回数	3セット
人数	9人

» 主にねらう能力

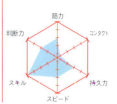

3人一組のラインアウトのポッドを複数つくり、空中でボールを回す。30秒～1分など時間を決めて数セット行う。

やり方

1. 1つ目のポッドがリフトし、空中で次のポッドへパス。
2. 次のポッドがリフトし、空中でキャッチ→そのまま次のポッドへパス。
3. 次のポッドも同様にくり返し、ボールを回す。

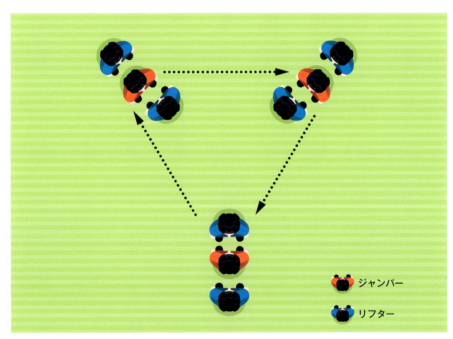

▲アップ→空中でキャッチ→そのまま空中でパスを連続する

⚠ ポイント 空中での安定と正確なスキルを身につける

まずはそれぞれのポッドが正確に、素早くリフトし、素早く下ろすことを意識。また低い位置ではなく、最高到達点付近のできるだけ高い位置でボールをキャッチ＆パスする。空中での安定した姿勢、正確なハンドリングが求められる。

スタート

Coach's Voice

» 「高い位置でキャッチ！　ボールの位置を下げない！」

» 「空中でブレない！　リフターもしっかり支える！」

» 「パスを丁寧に！」

ポジショナルスキル編

ねらい ランダム状態から素早く、安定したリフトをできるようにする

Menu 045 ランダムラインアウト

難易度	★★★★
時間	5分
回数	3セット
人数	10人

» 主にねらう能力

10m四方ほどのコートを使用。ランダムに動き回る状況からコーチの合図で素早く3人一組のポッドをつくり、リフトアップする。

やり方

1. 人数はジャンパー3人、リフター7人。リフター1人が余るようにする。
2. コート内を自由に動き回るところから、コーチの笛で素早く近くのジャンパー1人とリフター2人がポッドをつくり、リフトアップ。ジャンパーは空中で3回手を叩く。
3. ポッドに入れなかったリフター、またポッドをつくれなかったジャンパーやリフターは罰ゲーム（腕立て伏せやスクワットなど）。余るリフターの数を増やしてもいい。

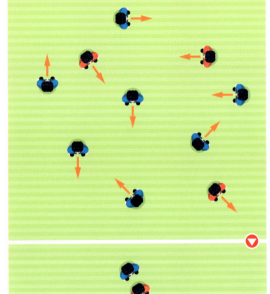

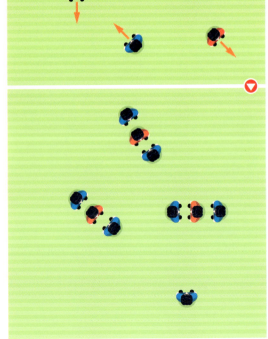

ポイント
素早くポッドを形成する

状況判断、スキルにレクリエーションの要素も含めたラインアウト練習。バラバラな状態から素早くポッドをつくってリフトアップすることは、実戦のラインアウトでのムーヴやクイックスローにもつながる。

Coach's Voice

» 「最初から相手を決めるな！　ランダム！」

» 「クイックに動く!」

» 「空中姿勢を安定させる!」

ポジショナルスキル編

相手防御のスライドを封じ、シンプルに数的優位を生かし切る

ねらい

Menu 046 BKの5対4

難易度	★★★★★
時　間	10分
回　数	5回
人　数	10人

» 主にねらう能力

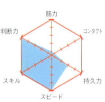

攻撃側は SO、CTB1、CTB2、FB、WTB の 5 人、防御側は SO、CTB1、CTB2、WTB（＋FB）の 4 人で行うオープン展開のアタック練習。横幅いっぱいを使い、数的優位を生かして大外を突破する。

やり方

1. 5m ライン上のポイントからオープンに幅広くアタックラインを引く。
2. トイメン（対面する相手）にしっかりと仕掛けてひとり一殺で外につないでいく。
3. 余っているフリーの選手につないで外のスペースを攻略する。

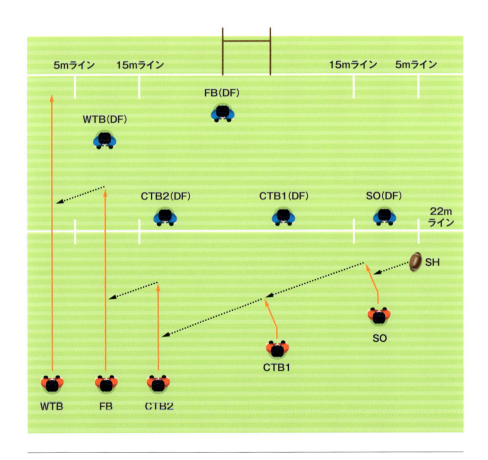

ポイント　数的優位を生かすため外側に走り込みながらパスを放る

現象だけ見れば、通常のライン攻撃にシンプルにFBを参加させて5対4の数的優位をつくり、1枚余らせて外を切るという練習。しかし、ただ横にボールを動かすだけでは、相手防御にズレられて簡単に数的優位を潰されてしまう。そこでいかにズレさせずに数的優位を生かしきれるかが重要だ。ポイントはズレようとする相手防御に対し、SOとCTB1が浅い立ち位置でトイメンの外側に走り込みながらフラットにパスを放ること。それによって防御側SOとCTB1がCTB2に届かない状況をつくり出す。この内側の2人の「相手の外を取る」（下部を参照）動きが重要。必然的にラインが流れ気味になるため、CTB2は逆サイドの15mライン付近にポジショニングし、5mラインにFB、タッチライン際にWTBという外の3人がストレートランで相手防御を切りに行く。パターン①はセットプレーからのボールアウト、パターン②はFWがゲインしてラックができたあと、そこからクイックでボールアウトし相手が下がりながらディフェンスする状況を想定。

Extra

「相手の外を取る」とは

4対3や5対4などの状況は、オーバーラップといっても単に深い位置でストレートランするだけでは簡単に相手防御にズレられて数的優位を消されてしまう。また、全体が浅く立つと、外までパスが回る前に接触してしまう。そこでSOとCTB1が浅く広く立ち、引いてズレようとするトイメンの外側に走り込むことで自分にトイメンを引きつけ、外側のCTB2、FB、WTBに3対2の状況をつくり出すのがこの練習のねらいだ。東福岡では、BKのユニット練習の際はかならずこのメニューを行っている。

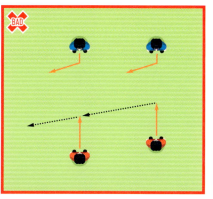
▲深い位置でストレートランをしても簡単にズレられてしまう。

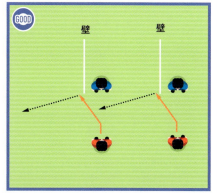
▲接近しながら外を取ると自分が壁になるので相手は外へズレられない

パターン① セットプレーからスタート

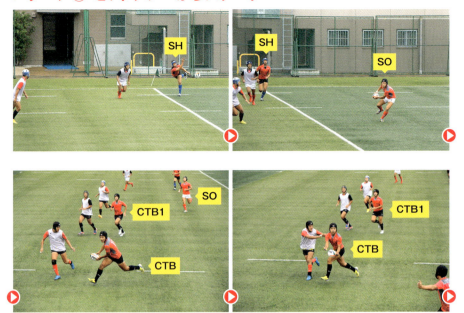

パターン② FW ゲイン→ラックからスタート

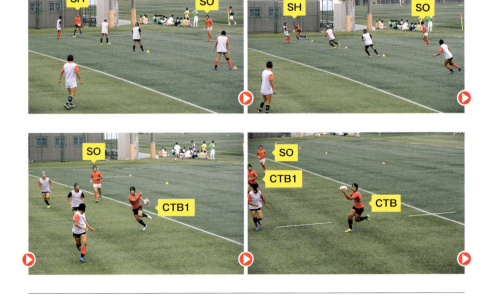

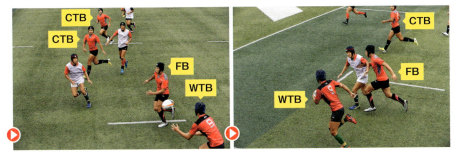

!ポイント トイメンを自分に引きつける

▲トイメンの外側に走り込みながらフラットにパスを放れば、自分が壁になるのでトイメンは外にズレることができない

Coach's Voice

» 「内側2人はトイメンの外を取って自分に引きつけろ!」

» 「外側3枚はストレートランでスペースを切りに行く!」

» 「外のスピードアップを意識!」

» 「ディフェンスもしっかりついていく! 簡単に抜かせるな!」

COLUMN

ヒガシの「こだわり」③
【練習のこだわり】
＝ターゲットは「自信」

　普段の練習で意識させることのひとつに「規律」があります。これは反則をしないということ。フィットネス練習でターンするときに両手をつく、きちんとラインをまたぐ、コーナーをショートカットせず回る……。その一歩をズルするだけで、試合ではペナルティをとられて3点失ったり、キックで50ｍ下げられて延々とモールで攻められたりします。あの苦しさは、絶対に味わいたくないですから。

　体づくりも重点的に取り組んでいます。昨季のチームは2年前の全国選抜大会で常翔学園に接点で完敗したことがきっかけで、週3回朝練でウエートトレーニングを取り入れ始めました。彼らが残した成績は、トレーニング効果が絶大であったことを裏付けていると感じます。

　スキルとフィジカル強化は密接にリンクしています。どちらか一方だけでは絶対にうまくいかない。たとえばトレーニングせずにハードなコンタクトだけを求めればケガをしますし、逆に体を大きくしても、スキルを磨かなければ試合で生かすことはできません。

　もっとも、ウエイトトレーニングでやっているのはオーソドックスなメニューばかりです。我々から指定するのはベンチプレスとデッドリフト、ロウくらいで、「最低何kg」というように数値を求めることもありません。これは、高校生世代は自分からトレーニングに取り組むサイクルをつくることがなにより大切だと考えるからです。

　ウエートトレーニングをやる最大のターゲットは、「自信」です。「早朝トレーニングを継続してきて体が大きくなった」という事実が、自分自身に大きな自信をもたらしてくれる。入学してから30kgも体重が増えた子、朝練に参加するため朝5時半過ぎの電車に乗ってくる子。それだけ努力してつかんだ自信は、絶対にブレません。

COLUMN

ヒガシの「こだわり」④
【アタックのこだわり】＝状況判断

　アタックでは、ボールを持っている選手の判断に対して、2番目、3番目のサポートプレーヤーがいかに反応して、いいポジションをとれるかが大事だと思っています。もちろんおおまかなセオリーはありますが、キャリアーの判断は基本的に自由でいい。キック、ラン、パス、左右どちらにステップを切るか、そのキャリアーの判断をまちがいにさせないための、2番目3番目の判断をむしろ重視しています。

　たとえば2対1の状況でパスを放れなかったら、キャリアーのミスですよね。そのとき、横にサポートしていた選手があわてて横から入ってオフザゲートの反則を取られたら、ダブルミスになります。でも2番目の選手がいいアプローチでサポートしてマイボールをキープすれば、ひとつのトライチャンスは逃したとしても、次のトライチャンスにつなげることができます。

　もしゴール前の2対1でボールキャリアーがパスをできず突っ込んだとしても、サポートプレーヤーが後ろからハンマードライブで押し込んでトライになれば、ボールキャリアーの判断は正解になります。きれいにパスで抜いて取ったトライも、グチャグチャの塊になって取ったトライも、5点は5点です。2人目、3人目のプレー次第で、1人目のミスをリセットできるということは、常に意識させています。

　注意しなければならないのは、「判断」というとよく「自由」と混同されますが、この2つは明白に異なります。真っ白な紙とペンを渡して「自由に描いてください」というのは、判断ではありません。「キリンの絵を描いてください」とテーマがあって初めて、数ある対象物のなかから判断して描くことができます。そうやってでき上がった絵を額縁に入れたり、飾る位置を決めたりするのが、セカンドプレーヤー、サードプレーヤーの役割だと思います。

第6章
指導計画の組み方と参考アドバイス

1日ごとの練習強度や目的例をご紹介。
コーチング語録やQ&Aもあり、
指導者や選手が疑問に思いやすい
ポイントを徹底解説する。

◆1週間のトレーニング計画

曜日	テーマ	負荷	内容
月	オフ	—	完全オフ。試合のビデオは見られるよう準備しておくが、それも各自に任せる
火	フィジカル強化	強	ウエートトレーニング／サーキット等のフィットネストレーニング／コンタクトプレー
水	フィジカル強化 スキル練習	中	ウエートトレーニング／ユニット練習
木	実戦練習	強	アタックディフェンス／ゲーム形式
金	チームラン	軽	チーム全体のコンビネーション練習／サインの確認等
土	キャプテンズラン	軽	試合前の調整練習
日	ゲーム	強	試合

≫週間計画を考える上でのポイント

　1週間の計画を立てる上で意識しているのは、「週の前半に負荷のピークを持っていく」ということです。いいコンディションでゲームを迎えるために、週後半にできるだけ疲労を残さない。そのため火〜木曜日に負荷の強い練習を行い、徐々に負荷を落としていく。極端な話、土曜日はストレッチ程度でもいいと考えています。大切なのはピークをどこに持っていくか、ということ。逆に試合期でない時期は、週に4日間くらいウエートトレーニングを行うこともあります。

≫練習内容の決め方

　その週のゲームで出た課題を克服することと、チームの柱であるコンタクトプレー、ブレイクダウンを中心に組んでいます。コンタクトだけ、あるいは陸上部的なランニングだけという組み方はせず、その両方を融合させることを意識しています。ラグビーではウエートトレーニング、コンタクト、ランニングを結合させなければなりません。トータルのバランスを考えることが大事だと思います。

≫筋力トレーニングの組み込み方

　強化期は週4回、試合期は2〜3回です。試合期は上半身、下半身、上半身というように分けて下半身は週1回にして、上半身のトレーニングをやった日は走り込み中心、下半身の日はユニット練習にするなど、負荷がオーバーしないよう工夫しています。大切なのはウエートだけで終わらず、ウエートとランニング、スクラム、ラインアウトというように、実際のプレーを結びつけること。ただ体を大きくするだけではあまり意味がありません。

≫負荷のコントロール法

　負荷には体力的な負荷もあれば精神的な負荷もあります。練習をマニュアル通りやっていると、「次はこう、次はこう」と選手が想像できてしまう。常に状況を変化させてストレスをかけることが大事だと思います。また、ゲームに近い状態で練習するためには、心拍数を上げた状態でコンタクトしたり判断したりさせなければなりません。フィットネストレーニングをやったあとにコンタクト練習を入れるなど、負荷をかけた上でプレーさせることを意識しています。

≫オフ、休養の考え方

　個人的に高校生世代は休養4、食事4、トレーニングが2くらいの割合でもいいと考えています。それくらい体を休めることは大事。そこがないことにはハードなトレーニングもできません。4000キロカロリーの運動量を要求しながら、食事で3000キロカロリーしか摂れず、睡眠時間も少ないとなれば、どんどん体は細くなっていく。体を大きくするためにも、絶対にオフは必要です。

声かけひとつでこれだけ変わる!
コーチング語録

同じメニューを同じようにやるにしても、
声のかけ方ひとつで練習の成果はガラッと変わるものだ。
そこがコーチングの難しさであり、一方で大きな醍醐味のひとつでもある。
どのタイミングで、どんな声かけをすれば選手たちの心に響くのか。
ここでは、本書の編集担当：直江氏が、著者の言葉をいくつか紹介する。

「2度とジャッカルにいきたくないと思わせるくらい激しく入れ！」

タックル成立後のブレイクダウンでジャッカルにくる相手プレーヤーをオーバーする選手にかけていたのがこの言葉。激しく体を当ててクリーンアウトすることで、その後相手がジャッカルに行くのをためらうほどのインパクトを与えようという意味だ。コンタクトに絶対的なこだわりを持つ東福岡のプライドを感じさせるひと言といえるだろう。ちなみに東福岡におけるブレイクダウンのキーワードは「迫力とスピード」。目の色が変わるくらいの気迫で、入る瞬間のスピードアップを徹底的に意識させながら練習に取り組んでいる。

「なんのためにこの練習をやってる？この練習のポイントは？」

目的を理解させ、試合のどの場面で必要なプレーかをしっかりと認識させてから練習することを重視している藤田監督。常に細かい部分にまで目を配り、焦点がぼやけていたり、惰性でこなすだけの練習になっていたりすると、すかさず止めてこの言葉を選手たちに投げかけていた。印象的だったのは「この練習のポイントは●●だぞ！」と最初から答えを示すのではなく、くり返し選手に問いかけ、選手に答えさせていたこと。人間は耳で聞くインプットより、自ら口に出してアウトプットしたほうが、記憶が定着化するといわれている。そうしたことまで意識しながらコーチングしていることがわかる。

「ミスをミスにさせない！」

　これは選手の状況判断に対する声かけ。たとえボールキャリアーがベストのプレー選択をできなかったとしても、2人目、3人目の選手がうまく対応してカバーすれば、キャリアーの判断ミスがミスにならない。しかしサポートプレーヤーがあわててさらに判断ミスを重ねれば、大きく傷が広がってしまう。2人目、3人目のサポート次第で状況を変えられるということを浸透させる言葉で、練習でも頻繁にサポートプレーヤーの判断を意識させる場面が見られた。ボールキャリアーの判断を何より尊ぶ東福岡らしい発想といえるだろう。

「その一歩のせいで10分間苦しい思いをするぞ！」

　試合中、ふと集中力を欠いたり、つい楽をしようとしてペナルティをおかすと、タッチキックで自陣ゴール前まで攻め込まれてラインアウトモールで延々と攻められることになる。不用意な反則で自らを苦しい状況に追い込まないよう、普段の練習から規律を保つことを意識させるための声かけだ。シャトルランでは必ずラインをまたいで手をついてターンする、ダウンするときは胸からお腹までを地面につける、コーナーを回る際に絶対にショートカットしない……といったことが当然のルールとしてクラブ全体に浸透しており、少しでもズルをするようなことがあれば、周囲の仲間から瞬時に「ノーペナルティ！」「反則するな！」と声が飛ぶ。ズルや反則はみっともないという雰囲気が定着しているのだ。

「男としてどうなのか」

　グラウンド内外を通じて藤田監督が選手たちに求めるのは、常に正々堂々と、胸を張って行動するということ。後ろめたさを感じるような言動に対しては、すかさず「それは男としてどうなの？」という問いかけがかかる。「先生が見ているからちゃんとする、では男として魅力を感じません。それではレフェリーが見ていないなら反則をしていいということになるし、ラグビーをやっている意味がない」。こうした部分のたくましさが、試合での強靭な精神力につながっているのだろう。

コーチングのための一問一答

Q 激しいコンタクト練習をするとケガのリスクも高くなります。できるだけケガをせずにコンタクト能力を向上させるためにはどうしたらいいですか？

A 一番悩むところですし、答えがあれば教えて欲しいくらいです。この点に関しては、正解はないと思います。ハードトレーニングでハイリスクハイリターンを求める以上、ケガはどうしても避けられません。ひとつ感じるのは、ライブのアタックディフェンスなど激しい練習をするときは短い時間で、ということ。ダラダラやるのではなく、2分なら2分と決めて、集中を切らさない時間でやる。ケガが一番起こりやすいのは集中が切れたとき。「ラスト1」の声をかけながら、コーチが納得するためにそこから10本やったりするようなことはよくないと思います。

Q コンタクト練習はタックルダミーやコンタクトバッグを使用するのと、ライブでやるのとどちらが効果的？

A まちがいなくライブです。実際に東福岡で行う練習でも、割合でいえば3：7くらいでライブが多い。コンタクトバッグを使うのは形をつくったり、敵味方の目印をつけたりするときくらいです。

ラグビーの練習と筋力トレーニング、スキルとフィジカルはどちらを先に手をつけるべきですか。

　個人的にはフィジカル7、スキル3くらいの割合で体づくりが大切だと考えています。ラグビーというスポーツでは、フィジカルが強くなれば、もれなくスキルもついてくる。どれだけ当たり方を練習しても、フィジカルが弱ければコンタクトレベルは上がりません。フィジカルさえ強くなれば、ラグビーの悩み事の7割はなくなると思います。順番としては、フィジカル強化が先。トレーニングで体を作る、いい姿勢を覚える、そこからスキルに発展させていくのがいいと思います。

東福岡はあまりパス練習をしないと聞きました。それなのにあれほどパスが上手なのはなぜですか？

　いえ、BKは相当パス練習をしていますよ（苦笑）。つけ加えればラインアウトモールの練習だってやっています。ただ、グリッドなどノープレッシャーのパス練習はまずやりません。やる場合は必ずディフェンスをつけたゲームライクな状況で行います。周りを見て、判断することが大事ですし、ランパスでもディフェンスをつけて行います。

状況判断力を高めるためにはどんな練習が効果的ですか？

必ずディフェンスをつけること。また常に状況を変えて、同じパターンでプレーさせないことが大事だと思います。目をいつも動かさせる。この分野は、ディフェンスをつけて練習することでしか向上しません。最初からできる選手などいませんし、やっていくことで判断力がついていくと思います。

部員が少なく、ゲーム形式の練習がなかなかできません。

15人対15人でなくても、ラグビーの練習はできます。人数が少ないということは、逆に考えればスペースがたくさんあるということです。たとえば20人いたら、13対7というようにオーバーラップができるように分けて、2フェーズ以内でトライを取りきるような練習をする。それをやっていけば、実際の試合でもスペースをつくれるようになっていきます。

練習スペースが狭く、フルコートを使った練習ができない場合はどうすればよいですか？

部員数が少ない状況の裏返しで、人数を調整すれば、スペースも調整することができます。チームを2つに分けてひとつはコートで、もうひとつは場所を変えてトレーニングということもできますし、考え方次第でいくらでも工夫できると思います。

ドリルのポイントを教えても、なかなか練習のなかでそれを実行することができません。どこに問題があるのでしょうか。

東福岡でもそういうことがしばしば起こります。大切なのはポイントをシンプルに絞って、ドリルの目的を明確にすること。コーチはついひとつの練習で2つも3つも求めがちですが、それは無理がある。選手に目的を理解させた上で行うのが重要だと思います。

規律を高めるために、普段から選手たちに意識させていることを教えてください。

身の回りの整理、部室の掃除など、オフザピッチが大事だと感じます。常に言っているのは、「細かいことをしっかりしなさい」ということ。ズルや悪いことに対して周りが指摘をするような文化ができれば、選手の意識も変わる。そうしたことをするのは恥ずかしい、かっこ悪いと感じさせるような雰囲気づくりが大切だと思います。

COLUMN

ヒガシの「こだわり」⑤
【ディフェンスのこだわり】
＝規律

　ディフェンスでは、タックルシチュエーションとブレイクダウンを重視しています。いかにスローボールをつくらせるか、いかに相手を倒し、こちらが先に立ち上がれるか、といったことにこだわっています。

　1対1でコンタクトが起こったとき、アタック側は原則としてボールキャリアー＋サポート2人の最低3人がポイントに入ります。ボールアウトするSHを入れれば、4人が一ヵ所に集まるわけです。一方ディフェンス側はタックラー＋サポート1人の2人でいい。この原則さえ維持できれば、どれほど攻撃を継続されてもオーバーラップが生まれることはありません。無理に前へ飛び出す必要もなくなります。

　肝心なのは、「自分たちのディフェンスを過信しない」ということです。絶対に焦って早くボールを取り返そうとしない。今のルールでは、フェーズを重ねれば重ねるほどディフェンスが有利になります。だからこそ、絶対に（ボールを）取れるというとき以外は我慢すべきです。「取り返す」という意識だけが先行すると、どうしてもすべてのプレーで取りに行こうとして、逆にピンチを招いてしまいます。ボールを取り返す方法は「ビッグタックル」や「ジャッカル」以外にも、相手にタッチキックを蹴らせたり、ノックオンやスローフォワードを誘ったり……とたくさんあります。ビッグタックル一発で取り返せるチャンスは滅多にありません。

　選手はみんなアタックが好きだから、早くボールを取り返したくなるものです。でもボールが好きなのは相手だって同じで、そう簡単に渡してはくれません。だから我慢が必要になる。我慢できれば、ディフェンスに余裕ができます。多少ゲインされても、次の局面で相手のオプションを限定できれば、さほど怖くはありません。一番怖いのは勝手に飛び出してギャップを抜かれること。だからこそ、規律がもっとも大事になります。

終章

チームビルディング

この章では、東福岡の強さの秘密や
監督と選手との接し方など
読み応えのある秘話の数々をご紹介。

東福岡チームビルディング
5つの柱

1 「明確なビジョンのもとで、選手に方向性をつける」
2 「選手を信頼し、しっかりコミュニケーションをとる」
3 「自由を大切にしつつ、規律を重視する」
4 「部員一人ひとりの幸せを考える」
5 「指導者と選手が一緒になって一喜一憂する」

時代の変化とともに
チームづくりは変化する

　チームとは生ものです。特に高校ラグビーはその年々でメンバーが変わるため、それに合わせてチームづくりも毎年変えていかなければなりません。そこが、指導者にとって一番難しいところだと感じます。

　チームビルディングの一番のポイントは、「明確なビジョンのもとで、選手に方向性をつけること」だと考えています。そしてそのために大事になるのが、普段から常に小さな成功を経験させることです。それによって、選手たちは自信を身につけていきます。

　個の育成とチームビルディングは、基本的には分けて考えるべきだと私自身は思っています。その人の持っているカラーは、人によって違います。赤の子、青の子、緑の子、黄色の子、いろんな色を持っている選手がいるなかで、それをすべてひとまとめにして扱うのは乱暴すぎる。「チームとして最低限この約束事は守ってください」という範囲は必要ですが、そのなかでカラーを発揮する手段に関しては、それぞれに委ねるべきだと思います。

　最近は社会の情報化が進み、様々な情報を誰もが手軽に得られるようになりました。たとえば日本代表がどんなことを考え、トップリーグではどんなことがトレンドになっていて、大学ではこんなことに取り組んでいる、といった情報が、いつでも簡単に手に入ります。そのことが選手にとってもひとつの刺激材料になっていて、「こんなチームになるため、こんな選手になるためには、こういうことが必要なのだ」と認識できるようになりました。それによってラグビー界自体が大きく発展したと思います。

　そうしたいい情報源があるから、トレーニングをしたらすぐに食事を摂らなければならないとか、この時間帯にどういうことをやるのがいいといったことを、選手が自分で知ることができます。これは本当に大きい。「日本代表のエディー・ジョーンズヘッドコーチが早朝にウエートトレーニングを取り入れている」という情報を知ることで、自分たちもそれを真似してやってみよう、となるわけです。発信源が増えたことがもっとも大きい変化で、時代が変わったことによって、東福岡のチームづくりも自然と変わってきたのだと思います。

大切なのはコミュニケーション
負荷と開放のバランスを考える

　東福岡の普段の練習は、16時半から18時過ぎまでの1時間半ほどです。これはラグビーがタイムスポーツであり、ウォームアップから30分ハーフの前後半とハーフタイム、ロスタイムまで含めた1時間半のなかで、すべてを出しきらせるための時間設定です。チーム練習で選手を束縛する時間は、1時間半しかありません。それにプラスアルファで個人練をやるかやらないかは個人の意識次第ですし、選手自身に任せています。

　選手と接する上で大切にしているのは、彼らを信頼し、しっかりコミュニケーションをとることです。我々指導陣が「こう思う」と伝えても、選手たちが「自分たちはこう思うので、こうさせてください」と言うなら、それはできる限り尊重して受け入れる。まず選手たちが自身で考えるのが本当の自主性だと思いますし、そこは大事にしています。

　もちろん高校生ですから、7割くらいは「ダメなものはダメ」とマニュアルで教えてあげることも必要です。その上で、残りの3割は自由にやらせる。逆に最初から選手の自主性に任せるのは、自由ではなく指導者の指導放棄だと思います。まずはちゃんとした道に乗せてあげなければ、どこへ向かっていくべきかもわかりません。

　たとえばコンタクト練習をするときにTシャツだったり、ヘッドキャップやマウスピースをしていなかったりということは、東福岡ではありえません。その服装で本当に試合と同じコンタクトができるのか。そういったところは厳しく追及します。

　その一方で、精神的な部分で開放できる時間をつくってあげることも、高校生には絶対に必要だと思います。ずっと締めつけられたままだと、子どもはどこかで必ず息抜きをしようとします。我々だって、職員会議がズーッと続いたら、イヤになりますからね（笑）。

　だから選手に対しても、「ここは抜く時間をつくるから、それまでは我慢して溜めてほしい」ということは、しっかり話をして伝えます。スケジューリングのポイントは、負荷をかけるところと抜くところのバランスをとること。休まないことには体は回復しませんし、トレーニング、食事、睡眠の3大要素をきちんと確保することは、常に意識しています。

自由と規律を両立する
すべてを束縛するのは×

　東福岡はよく「自由なチーム」と言われます。もっとも、自由は与えますが、放任はしません。この範囲では自由にしていいですよ、とキャパシティを決めて、そのなかで自由にしてもらう。高校生で、しかもチームスポーツですから、規律は重視しています。

　東福岡では大会などで遠征に行ったとき、起床時間を決めません。たとえば花園期間中なら、朝は7時45分にミーティングルームに集合ということだけ決めて、起床はそれぞれに任せます。集合までに体重と体温を測ることが決まりになっていて、それを済ませて集まるためには何時に起きなければならない、そのためには何時に寝なければならない……と自分で逆算して行動させる。試合の日は就寝時間を11時マストに決めますが、それも選手と話して「11時半でお願いします」となれば、11時半に変更します。

　こちらから選手にお願いするのは、「1日のなかでひとりになる時間を必ずつくってほしい」ということです。遠征に行くと、どうしても何人かで集まって行動することが多くなります。そんななかで、ひとりになっていろいろ考え、思いを巡らせる時間は大切だと思います。

　一方で大会期間中の試合がない日には、「コアタイム」をつくったりもします。これは、「この時間だけはこの部屋に集まってチームで行動する」というもので、それ以外の時間は買い物に行こうが、部屋で過ごそうがかまわない。コアタイムではチーム全員で試合のビデオを見たり、体操をしたり、ユニットで練習をしたりします。

　なんといっても高校生ですから、「すべてを決めて束縛するようなことをしない」というのはとても大事だと感じます。どれだけ管理しようとしても24時間目を光らせるのは到底不可能ですし、それをやろうとしたら選手もリラックスできません。かえってどこかでガス抜きをしようと思うのではないでしょうか。

　選手がトレーナールームでケアを受けているとき、私は絶対そこに入りません。選手にすれば知られたくないことだってあるだろうし、こちらが知らなくていい部分もある。トレーナーが相手だからこそ、本音を話せるというところもあるでしょう。そうした時間は大事にすべきだと思います。

最上級生は一番の協力者
いかに立ち位置をつくってあげるか

　私は谷崎重幸・前監督の下で14年間コーチを務め、2012年度から監督を引き継ぎました。コーチから監督になったことで、選手に対する接し方が変わったということはありません。ただ、メンバー発表のときはすごく気を遣うようになりました。

　たとえば花園の最終登録メンバーを決める際、ボーダーラインにいた選手でメンバーに入れなかった子には、発表する前に個々に面談をします。コーチ時代は監督がメンバーを決めるときに「僕はこう思います」と意見を言うだけでしたが、監督はそこでアフターフォローをしなければなりません。そこはまったく違います。監督は選手選考に関して全責任を負わなければなりません。一人ひとりに保護者がいて、応援する人がいる。すべての選手にその背景があるということを、強く意識するようになりました。

　特に気をつけているのは3年生です。そこを間違えると、下手をすればチームが崩壊してしまう危険性もあります。監督にとって一番の協力者は3年生です。メンバーに入れなかった選手に対してどう接するか、その子たちにどうやって立ち位置をつくってあげるか、ということは、常に考えています。

　3年間必死に取り組んできて、「残念ながらメンバーには入れませんでした」で終わりでは、あまりに切ない。でも「自分はここに立っているんだ」ということがわかれば、彼らもがんばれる。自分の立ち位置がないのが、選手にとって一番さびしいことですから。

　現在、東福岡には120人の部員がいます。監督として一番苦心しているのは、「本当に部員一人ひとりにラグビーを楽しませてあげられているか」ということです。この点については、もっともっと改善できる余地がある。部員一人ひとりが東福岡高校ラグビー部にいて幸せなのかどうか。それが、監督として一番気になることです。

　私は、単にトップチームが勝てばいいとは絶対に思いません。クラブであり、学校スポーツである以上、全部員がラグビーを通して成長していってほしい。そのために監督は、部員一人ひとりの幸せを考えなければならないと思います。

　大変なことも多いですが、指導者はおもしろいですよ。高校ラグビーの指導者が一番おもしろいんじゃないかと思っています。

選手より先に準備する
選手と一緒に一喜一憂する

　チーム一丸となって目標に突き進んでいくためにいつも言っているのは、「小事大事」ということです。小さいことを細かく、丁寧にやっていくことが大切。そこさえちゃんとしておけば、大事になることはありません。逆に言えば、小さなことの積み重ね、小さな成功の積み重ねが、大きな成功につながっていく。一見すると回り道のようにも感じますが、実はそのほうが近道ですし、今ではチームづくりの一番の柱として考えています。

　ラグビーは本当にシンプルなスポーツです。この場面のボールを必ず出さなきゃいけない、このマイボールラインアウトを必ずキープしなきゃいけない、そうした小さなことの積み重ねが試合になっていきます。そこをひとつずつちゃんとクリアしていけば、実はそれほど難しいスポーツではありません。

　小さなことを積み重ねるために必要なのは、継続することです。昨季のチームの一番の強みは、週3日、朝7時半からウエートトレーニングを継続したことでした。私も30分前の7時には学校に来て校門を開け、準備をしました。東福岡には北九州や熊本など遠方から通っている子も少なくありません。彼らは7時過ぎに学校に来るために、5時に起きて家を出てきます。さらにその背景には、もっと早く起きて朝食をつくったり、駅まで車で送ってくれたりする保護者もいます。そんな背景やそこにかける思いを、監督になってすごく考えるようになりました。「この子が7時半にくるためには……」と考えれば、監督が中途半端なことはできません。

　私のなかでは、監督が練習に遅れてきたりするのは考えられない。選手より先にきて準備する、常に立って指導するといったことは大切にしています。椅子に座ってあれこれ指示を出したり、ベンチコートを着て外から眺めたりするのは、性に合いません。

　将来ある高校生世代を指導する上でもっとも大事なのは、彼らを信頼することだと思います。どれだけスター選手だろうが、ダメなときはダメだとちゃんと言わなければならないし、よかったものがあればほめて、悪いことをしたときはきちんと怒らなければならない。そこに尽きるのではないでしょうか。

　指導者と選手が一緒になって一喜一憂する。そういうことが一番大切だと思います。

著者&チーム紹介

著者・監督
藤田雄一郎 ふじた・ゆういちろう

1972年生まれ 福岡県出身
東福岡高校→福岡大学→JR九州。
1998年から教諭として東福岡に赴任。自身の恩師でもある谷崎重幸前監督（現法政大学監督）の下でコーチを務め、4回の花園制覇をはじめ多くの優勝を経験した。2012年春から監督に就任。'14年度は春の全国選抜大会、夏のアシックスカップ全国7人制大会、冬の全国高校大会を制し史上初の高校3冠を達成した。現役時代のポジションはNO8。担当教科は保健体育。

コーチ
稗田新 ひえだ・あらた

1972年生まれ 福岡県出身
小倉高校→筑波大学。大学卒業後、佐賀県立鳥栖工業高校などで監督を務めたのち、2013年度より東福岡に赴任しコーチに就任した。優れた戦術眼と分析力、BKラインのコーチングには定評があり、藤田監督から厚い信頼を受けている。現役時代のポジションはCTB。担当教科は情報。

撮影協力
東福岡高校ラグビー部

1955年学校創立、ラグビー部も同年に創設。スタッフは坂井光河部長、藤田雄一郎監督、稗田新コーチ、川内鉄心コーチ、上杉慎二コーチ、松田孝幸トレーナー。これまで花園優勝5回、準優勝3回、全国選抜大会優勝4回。村田亙（現専修大学監督）、豊田将万（現コカ・コーラ）、藤田慶和（現早稲田大学）ら多数の日本代表を輩出している。

差(さ)がつく練習法(れんしゅうほう)
ラグビー　ヒガシ式(しき)　決断力(けつだんりょく)が身(み)につくドリル

2015年11月24日　第1版第1刷発行

著　　者／藤田雄一郎

発　行　人／池田哲雄
発　行　所／株式会社ベースボール・マガジン社
　　　　　　〒101-8381
　　　　　　東京都千代田区三崎町3-10-10
　　　　　　電話　　03-3238-0181（販売部）
　　　　　　　　　　025-780-1238（出版部）
　　　　　　振替口座　00180-6-46620
　　　　　　http://www.sportsclick.jp/
印刷・製本／広研印刷株式会社

©Yuichiro Fujita 2015
Printed in Japan
ISBN 978-4-583-10846-9　C2075

＊定価はカバーに表示してあります。
＊本書の文章、写真、図版の無断転載を禁じます。
＊本書を無断で複製する行為（コピー、スキャン、デジタルデータ化など）は、私的使用のための複製など著作権法上の限られた例外を除き、禁じられています。業務上使用する目的で上記行為を行うことは、使用範囲が内部に限られる場合であっても私的使用には該当せず、違法です。また、私的使用に該当する場合であっても、代行業者等の第三者に依頼して上記行為を行うことは違法となります。
＊落丁・乱丁が万一ございましたら、お取り替えいたします。